Lb 43
692
A

MÉMOIRES

DE

CANDIDE.

MÉMOIRES
DE CANDIDE,

SUR LA LIBERTÉ DE LA PRESSE,

LA PAIX GÉNÉRALE,

LES FONDEMENS DE L'ORDRE SOCIAL,

ET D'AUTRES BAGATELLES;

Avec des Préliminaires nouveaux sur la Philosophie de la Nature:

Par le Docteur EMMANUEL RALPH.

Ouvrage imité de l'original Allemand, imprimé en trois Langues.

SECONDE ÉDITION DE LA TRADUCTION FRANÇAISE.

A MOSCOW;

Et se trouve dans toutes les Capitales de l'Europe, excepté dans celle de l'Empire Français.

L'AN DE GRACE 1805.

EXAMEN

D'UNE

PARODIE ANTI-PHILOSOPHIQUE;

PAR NÉPOMUCENE FRANKENTAL,

Arrière cousin en ligne naturelle, du fameux Bâtard de la Westphalie.

L'ORIGINAL Allemand des *Mémoires de Candide*, a eu du succès en Westphalie et dans tout le reste de l'Allemagne, parce que le nom de l'amant de Cunégonde y exerce encore une douce influence ; parce que la plupart des gouvernemens de la confédération Germanique y protégent une sage liberté de penser ; parce que les Journalistes, qu'on n'y avilit pas, ne mentent point à leur conscience en déchirant, par intérêt de secte, des livres qu'ils voudroient bien avoir composés.

Un homme célèbre traduisit en 1802, l'Ouvrage en Français, et le fit avec une finesse de goût qui donna à la version le caractère d'un original : ce nouveau *Candide*, que Voltaire n'auroit probablement pas désavoué, a été accueilli à Londres, à Pétersbourg, à Lisbonne, à Madrid, et dans la plupart des Métropoles de l'Europe, où, grace aux victoires innombrables des Français, les Peuples oublient leur langue pour étudier celle de NAPOLÉON.

Mais, par une bizarrerie inexplicable, ce *Candide* Français, imprimé à Altona, n'a pénétré que très-difficilement en France : à peine trente exemplaires ont-ils franchi les barrières du Rhin, pour arriver jusques dans Paris, dans Paris régénéré, où la tolérance, la vérité, les lumières et l'amour ne devroient pas être des objets de contrebande.

Voici une seconde édition de cette Traduction Française, imprimée à Moscow, avec des caractères pareils à ceux de la première d'Altona : je me flatte qu'elle sera plus heureuse que celle qui l'a précédée : j'espère que les cent exemplaires que j'en détache pour les faire circuler dans une ville qui sera bientôt la capitale de l'Europe, y trouveront une terre hospitalière, qui ne dévorera ni la personne de Candide, ni ses ouvrages.

Je ne me suis pas permis dans cette édition le plus léger changement : en vain m'objectera-t-on que depuis quatre ans que le Livre a paru, la face de l'Europe a totalement changé : je réponds que la politique vue en grand, n'est point un frivole almanach. La Loi éternelle de la propriété, qui régit le Monde social, ne perd pas son essence, parce que l'épée la déplace ; et la diplomatie nouvelle, fondée sur le brillant traité de Lunéville, n'ôte pas une minute aux cent quarante ans de durée de la magnifique paix de Westphalie.

Un autre motif m'interdit toute rectification indiscrette. Je ne connois point personnellement le Traducteur Français des *Mémoires de Candide* : il ne m'a pas autorisé à changer une ligne de son Ouvrage ; et je ne veux pas en savoir plus que lui sur les résultats de sa pensée. Il n'appartient qu'à un Forban de la littérature Parisienne, de souiller de ses couleurs un pavillon étranger qu'il arbore, comme s'il vouloit empêcher dans la mêlée les amis et les ennemis de le reconnoître.

Cette licence de Forban me rappelle une petite Anecdote, qui, toute épisodique qu'elle paroît au premier coup-d'œil, ne sera surement pas déplacée à la tête de cet ouvrage.

Il y a aux pages 134, 145 et 155 de ces *Mémoires*, trois chapitres sur le Livre de la *Paix de l'Europe* ; Livre cher à Candide, que tous les hommes de goût ont lu, et qu'aucun homme d'état n'a osé réfuter. Son succès, dans le temps, alarma l'envie, et celle-ci se promit bien de ne laisser circuler désormais aucun ouvrage du même Auteur, sans le rendre responsable du tourment que lui donnoit à elle-même une juste célébrité.

L'Ecrivain de la *Paix de l'Europe* donna, peu de temps après, une septième édition de la *Philosophie de la Nature*.

Au moment où je corrigeois dans Moscow, à l'ancien palais des Czars, la dernière épreuve des *Mémoires de Candide*, arriva chez l'Imprimeur une collection incomplette de Mercures français, destinée à être vendue au poids. (On lui fait à-peu-près le même honneur en France). Je parcourus cette compilation indigeste d'analyses prétendues, de mensonges littéraires et de logogryphes, et je tombai sur un libelle en 9 pages, signé Jean Fiévée, qui renferme une petite dissection anatomique de la *Philosophie de la Nature*.

Je ne tardai pas, dès les premières lignes, à voir que Jean Fiévée n'auroit jamais fait à cette *Philosophie*, qu'il n'étoit pas en état de lire, l'honneur de la corrompre de son haleine, si elle n'avoit pas eu la *Paix de l'Europe* pour sœur, et que cette *Paix de l'Europe* n'auroit point allumé sa bile, si Candide et des Rois, autres que ceux à qui le héros donna à dîner au carnaval de Venise, ne l'avoient pas honorée de leur suffrage.

Enfin, j'observai que cette *Philosophie de la Nature* même, avoit été critiquée deux ans auparavant, à la page 160 des *Mémoires de Candide* dont je me voyois le second Éditeur, mais qu'elle l'avoit été avec une décence, une justesse de goût, et une raison supérieure, qui rejetoit le libelle de Jean Fiévée dans la classe abjecte des parodies.

Alors un zèle un peu plus pur, et sur-tout un peu moins dévorant que celui de Jean Fiévée, pour la religion de ses Pères, s'empara de moi. Je me proposai de venger à la fois cette *Philosophie de la Nature*, que tous les

Popes de Moscow et tous les Académiciens de Pétersbourg avoient dans leurs bibliothèques, cette *Paix de l'Europe*, qui réconcilioit les Rois opprimés avec les Sages, et sur-tout ce Candide, le héros de ma famille, à qui on fait un crime de vouloir un peu de bien à ces Abbés de Saint-Pierre, qui rêvent en silence, et d'ordinaire sans fruit, dans leurs cabinets, sur le bonheur de cent millions d'hommes.

Cependant une considération nouvelle vint bientôt m'arrêter. Le Mercure, me dis-je à moi-même, est le moins vivace des journaux Français. Dans la route de Paris à Moscow, il a déjà cessé de vivre. Quant aux articles forts, sinon de choses, du moins d'injures de Jean Fiévée, ils sont déjà effacés du souvenir, avant que l'homme de goût en ait achevé la lecture. Je cours donc le danger, en entretenant des Russes ou même des Français, d'ennemis des arts mal organisés et morts en naissant, d'appeler leur attention sur des objets que leur mémoire même ne sauroit atteindre, et de justifier des choses, qui, grace à leur profonde ignorance, n'ont pas besoin d'apologie.

Toute réflexion faite, je me contente de

transcrire ici la lettre sans fiel, que j'écrivis à Jean Fiévée, dans le premier moment de gaieté qui succéda à mon indignation : lettre que je lui fis remettre en mains propres par un Secrétaire de la Légation Russe, et à laquelle, suivant les règles de l'urbanité journaliste, il n'a pas daigné faire de réponse.

LETTRE

D'UN BATARD D'AMOUR,

A UN BATARD DE LITTÉRATURE.

J'ai lu à Candide, mon cousin, au Kremlin de Moscow, votre petite Diatribe contre la *Philosophie de la Nature*, écrite avec l'urbanité du Jésuite Garasse, et les graces touchantes du poëte Grec Archiloque.

Mon cousin aime singulièrement cet ouvrage, quoique le Docteur Emmanuel Ralph l'ait effleuré de sa critique ingénieuse; et il l'aime d'autant plus, qu'il a fait naître la *Paix* de *l'Europe*, sans laquelle cette Europe ne jouiroit pas de la partie la plus piquante de ses *Mémoires* : et comme ce héros de l'ingénuité a été toute sa vie le Dom Quichotte des Disciples de Leibnitz et des Belles, il auroit bien pu, dans son premier mouvement de colère.... vous faire peur; car, grace à votre humeur pacifique, on ne vous fera jamais de mal; mais en y réfléchissant de plus près, il s'est contenté de rire de votre orgueilleuse impuissance : je l'imite en riant aussi; et si vous m'en croyez, vous rirez vous-même de ma lettre contre vous : rire de soi-même fait grand bien, quand le fiel de la haine empêche de digérer.

C'est d'abord une singulière idée, mon cher Dunois, (voilà le plus beau nom par lequel je puisse désigner un enfant illégitime en littérature); c'est, dis-je, une singulière idée d'écrire, pour la première fois, au bout de trente ans, qu'un livre est essentiellement mauvais, quand sept éditions, toutes accueillies, ont fait pressentir qu'il pouvoit être bon : de dire à quarante mille hommes qui l'ont lu avec intérêt, que leur plaisir est un délit ou un ridicule : mais il est impossible, d'après le grand axiôme, que les suffrages ne se comptent pas, mais se pèsent, que votre logique soit en défaut. Il est bien évident qu'un homme qui ne veut que faire du bruit, doit avoir raison contre son siècle : il l'est encore plus, qu'il y a moins d'idées justes dans quarante mille têtes qui ne consultent que leur froid bon sens, que dans le sensorium désorganisé d'un Journaliste qui vend, au gré d'une faction dominante, l'erreur ou la vérité dans les paragraphes.

Au reste, cette idée même n'est pas une conception originale ; elle étoit venue, avant vous, à un autre immortel clandestin, du nom de Jondot, qui tous les jours fait dans un Journal de faction, sa profession de foi contre les Socrate, les Marc-Aurèle, les Montaigne, les Montesquieu, et tous ces imbécilles, malheureusement trop célèbres, qu'on appelle des Philosophes. On lui paye chaque article de son symbole 3 francs républicains, ou 2 sous de l'ancienne monnaie royale, selon que son imagination est lourde ou riante, que son estomac, souvent à jeun, a bien ou mal digéré. L'extrait de la *Philosophie de la Nature* lui a valu 36 francs, grace à une petite calomnie à double tranchant, qui a frappé à la fois Jean-Jacques et votre victime. Le benin Jondot ne s'attendoit pas à tant de distinction ; il s'étoit endormi avec un brevet d'honneur de la Petite-Eglise, et il se réveilla grand homme.

En conscience, mon cher Fiévée, vous ne valez pas l'illustre Jondot ; car il a lu quelques pages du livre qu'il déchire ; et vous, à en juger par votre dissection anatomique, vous vous êtes contenté de vous faire lire la table des chapitres. Cette table a été pour vous la boîte de Pandore, d'où vous avez fait exhaler tous les fléaux de l'Univers. Cependant l'Univers se console par l'*espérance*, que, dans vingt ans, vous saurez comment on analyse un ouvrage.

Je me trompe : vous avez bien lu une définition : elle est en une ligne, et la voici : *La Nature est la matière en mouvement.* Il est constant que ces mots se trouvent en toutes lettres dans un chapitre, et il faut qu'ils soient d'une grande importance, pour qu'ils aient fourni à votre verve plus de cent lignes d'une éloquence *niaise.* (Ce sont vos expressions), d'injures bien ou mal cadencées, de lieux communs d'intolérance et de puériles antithèses.

Mais que diront vos Lecteurs (dans le cas où vous en trouverez), si n'ayant cité juste qu'une ligne dans une analyse de dix volumes, il se trouvoit que par l'interprétation que votre logique donne à cette ligne, vous êtes tombé sciemment dans la plus matérielle des impostures ?

Placez-vous d'avance sur la sellette, mon cher Fiévée, et écoutez sans froncer le sourcil, le petit Exorde de mon plaidoyer, si j'avois à plaider la cause d'une ligne de la *Philosophie de la Nature*, devant un Aréopage.

Pour vous conserver tous vos avantages, et vous laisser un petit moment la conscience de ce que vous appelez votre supériorité, je vais transcrire presque en entier le morceau le plus véhément de votre Philippique : je m'y détermine d'autant plus aisément, qu'il importe de connoître votre manière ; car tout le monde se flatte d'en avoir une, depuis Matthieu Lansberg, qui raisonne son Almanach de Liége, jusqu'au célèbre Arnaud, qui raisonne sa *Logique de Port-Royal* ; depuis le Gazetier littéraire, qui tous les matins aligne des caractères noirs sur du papier blanc; jusqu'à Fénélon qui écrit le *Télémaque*, et Montesquieu qui crée l'*Esprit des Loix*.

« Qu'est-ce, dites-vous, que la Philosophie ?
» Je n'en sais rien : pour la Nature, je le sais
» à présent. M. de S.... ayant eu la bonté
» de me donner la valeur de ce mot, qu'il
» explique ainsi : *La matière en mouvement*.
» Quoiqu'il soit d'abord assez difficile de de-
» viner ce qu'on peut vouloir faire entendre
» par la *Philosophie de la matière en mou-
» vement*, j'aime autant cette définition qu'une
» autre; et pourvu que l'auteur ne s'en écarte
» pas, je m'arrangerai pour la comprendre :
» aussi, dans la crainte d'être trompé par ma
» mémoire, j'ai cru nécessaire de ranger le mot
» *Nature*, toutes les fois que je l'ai rencontré
» dans cet ouvrage, et j'ai écrit au-dessous,
» la *Matière en mouvement*; bien persuadé
» que sa définition, si elle étoit bien faite, me
» donneroit dans toutes les occasions la valeur
» du mot défini. Voici le produit de ce que
» j'ai tiré de cette opération.

» *Le Philosophe reste soumis aux Loix de*

« sa *Patrie*, quand elles n'intervertissent pas
» *l'ordre éternel*... *de la Matière en mou-*
» *vement.*

» Bon ! me suis-je dit, comme un ordre
» éternel est un ordre invariable, et que les
» Loix de la Patrie ne peuvent rien contre la
» Matière en mouvement, les Philosophes
» resteront soumis aux Loix de la Patrie, ce
» qui ne laissera pas de procurer quelque repos
» à l'Europe.

» *La Morale n'est point un art conjectural*
» *comme l'Ontologie; et voilà ce qui caractérise*
» *l'intelligence... de la Matière en mouvement.*

» Jusqu'à présent les Philosophes n'avoient
» pas osé accorder l'intelligence à la matière,
» soit qu'ils la vissent en repos, soit qu'ils
» la considérassent en mouvement. M. de S...
» est plus hardi; il déclare même que de cette
» intelligence matérielle, il résulte pour nous
» une intelligence positive....

» *De quoi s'agit-il en ce moment ? D'épurer*
» *tous les cultes, et de faire un premier pas*
» *vers la religion.... de la matière en mou-*
» *vement.*

» De la Morale de la matière, nous voici

» arrivés à la religion de la matière ; c'est aller
» en sens inverse, mais il y a quelque chose
» de si philosophique dans cette marche irré-
» gulière, qu'on ne peut s'empêcher de l'ad-
» mirer.....

» Il n'est pas besoin de citer davantage, pour
» prouver que l'Auteur ne s'est jamais compris
» lui-même, qu'il s'est constamment écarté
» du sens qu'il avoit attaché au mot *Nature*,
» et qu'il a déraisonné aussi complettement
» qu'il soit possible de le faire. »

Vous voyez, mon cher Dunois, que je vous ai laissé déraisonner tout à votre aise : la postérité auroit trop perdu, si j'avois coupé indirectement le fil de vos anti-syllogismes ; car, comme l'a très-bien prouvé l'illustre Pope, dans ses *Mémoires de Scribler*, il y a un art de déraisonner par principes, qui n'est pas donné à tout le monde : cet art vous a été transmis sans doute par votre *Nature*, qui pourroit bien n'être, pour cette fois, que de la *Matière en mouvement*.

Maintenant revenons un moment sur nos pas, et portons le flambeau de l'analyse sur chaque partie de votre opuscule.

Je ne sais pas, dites-vous, *ce que c'est que la Philosophie ?*

En vérité je m'en doutois avant votre aveu. La philosophie, fruit d'une combinaison profonde d'idées, d'une suite de victoires sur ses passions et d'une longue expérience, n'est pas un aliment propre à être digéré par toutes les espèces d'estomacs ; c'est une science pénible autant que sublime, qui ne s'apprend pas aussi aisément que l'art d'analyser, dans des feuilles éphémères, des livres qu'on ne lit pas ; que l'art de mettre sa pensée versatile à l'ordre du jour ; que l'art de nuire.

Mais, quoi ! Vous ne savez pas ce que c'est que la philosophie, et vous vous permettez d'en juger lestement dix volumes dans quelques paragraphes !

Vous ne savez pas ce que c'est que la Philosophie, et, pour plaire à une secte dominante, vous calomniez les Philosophes !

Maintenant que la *Philosophie*, c'est-à-dire, la moitié du titre du Livre calomnié est à découvert, voyons s'il sera aussi pénible de défendre l'autre partie, c'est-à-dire la *Nature*; car il est bien démontré que les dix volumes de l'ouvrage n'auront rien à redouter de votre atteinte, si je défends victorieusement la seule chose que vous en ayez pu lire, le frontispice.

» La *Nature*, une fois définie la *Matière
» en mouvement*, me dites-vous, je m'arran-
» gerai pour adopter cette explication ; et
» afin de n'être point troublé par ma mémoire,
» je crois nécessaire de rayer le mot *Nature*
» toutes les fois que je le rencontrerai dans
» l'ouvrage, et d'écrire à sa place, la *Matière
» en mouvement*. »

Il y a, et il doit y avoir dans l'ouvrage que Candide et moi nous mettons sous la protection des hommes de bien, diverses définitions de la *Nature*, suivant les rapports sous lesquels on la considère ; car, pouvant s'envisager tantôt dans son ensemble, tantôt dans ses détails, s'appliquant soit à l'Être-Suprême, soit à l'homme, indiquant quelquefois les Loix de la physique, et plus souvent la chaîne de nos devoirs ; il est évident que le Sophiste qui se permettroit de confondre tous ces points de vue, pourroit, en citant juste, tomber avec une méchanceté *niaise*, dans la plus complette des absurdités.

Il est certain que dans le commencement de son ouvrage, et au Livre qui a pour titre PRINCIPES ET HYPOTHÈSES, l'Auteur de la *Philosophie de la Nature* ayant à jeter, comme pierres d'attente, quelques idées génératrices, a pu considérer la *Nature physique* organisant les êtres qui reposent dans son sein, et s'exprimer ainsi : *La Nature est à mes yeux la Matière en mouvement.* Mais le sens de cette définition est tellement circonscrit dans l'acception que je viens de lui donner, qu'on ne peut en supposer une autre sans faire divorce avec son intelligence. La démonstration mathématique en est dans le paragraphe suivant que je vais transcrire.

« On se souviendra donc, dans le cours de
» cet ouvrage, qu'il s'agit de la *matière en*
» *mouvement*, quand je parlerai de grandes
» opérations physiques que fait la *Nature*
» sur la scène des mondes, pour faire graviter
» les corps célestes les uns vers les autres,
» pour produire les Êtres, pour les féconder
» et pour varier leurs métamorphoses. *Tome I,*
» *pag.* 171. »

S'agit-il ailleurs des autres rapports de la

Nature, la définition d'après la dialectique du bon sens, varie suivant les points de vue individuels sous lesquels on l'envisage.

C'est ainsi que, quand on considère la nature de la morale, on la définit *l'Art d'être heureux avec nous-mêmes et avec tout ce qui nous environne*.

Il n'y a rien de plus clair que ces définitions, rien qui fasse mieux ressortir l'objet défini ; c'est la manière de Hobbes, le définisseur par excellence. Maintenant que nous sommes élevés à toute la hauteur philosophique du sujet, descendons à l'art très-futile, mais très-dangereux, des parodies.

Buffon avoit aussi parlé de la *Nature* avant l'ami de Candide, mon cousin ; et les définitions diverses qu'il en donne auroient bien plus prêté à la verve féconde des ennemis de la philosophie, s'ils avoient pu alors enrôler quelque Fiévée pour porter leur drapeau.

La Nature, dit ce beau génie, *n'est point une chose.* —

Je m'en doute, répondroit le génie du Mercure ; car je ne sais ce que c'est, pas plus que la philosophie, qui me donne par fois des remords, et que je voudrois bien anéantir. —

La Nature n'est point un Être. —

Il ne falloit donc point parler de la Nature dans une Histoire Naturelle. —

Mais on peut la considérer comme une puissance qui embrasse tout et qui anime tout ; ou, si vous l'aimez mieux, la Nature est le trône extérieur de la magnificence divine — (*).

Quoiqu'il paroisse difficile de deviner ce qu'on peut vouloir entendre par une Histoire Naturelle qui n'est que l'*Histoire de la puissance et du trône*, j'aime autant cette définition qu'une autre ; et pourvu que l'Auteur ne s'en écarte pas, je m'arrangerai pour la comprendre. J'ai cru nécessaire de rayer le mot *Nature* toutes les fois que je l'ai rencontré dans l'His-

___

(*) M. Fiévée ne cite rien de la *Philosophie de la Nature*, parce qu'il n'en a lu qu'une seule ligne : pour moi qui lis avec scrupule ce que j'admire, comme ce que je me permets de censurer, je déclare que les trois définitions de Buffon sont dans l'édition in-4.° de l'*Histoire Naturelle des quadrupèdes*, Tome XII, pag. 3, 4 et 11. — Les textes qui seront cités ci-après, se trouvent Tome VI, pag. 63 et 65, et Tome VIII, pag. 81.

toire Naturelle de Buffon, et j'ai écrit au-dessous, la *puissance* ou le *trône*; bien persuadé que la définition, si elle étoit bien faite, me donneroit, dans toutes les occasions, la valeur du mot défini. Voici le produit de ce que j'ai tiré de cette opération. —

Le cerf est un de ces animaux tranquilles qui ne semblent être faits que pour embellir la solitude des forêts, et occuper loin de nous les retraites paisibles de ces jardins de la Nature. —

Je n'aime point, diroit le savant Fiévée, ces jardins d'une *Nature* qui n'est ni un *Être*, ni une *Chose*, et qui par conséquent n'existe pas : il vaut mieux entendre le jardin d'une *puissance* quelconque, qui y prend les plaisirs tumultueux de la chasse, comme le Nembrod de la bible, appelé un *robuste Chasseur devant l'Éternel*, ou ce Louis XV, l'avant dernier de nos rois, qui oublioit dans les forêts de Compiegne et de Fontainebleau, qu'il avoit à gouverner vingt-cinq millions d'hommes. —

Quelque idée que nous voulions avoir de nous-mêmes, il est aisé de sentir que représenter n'est pas être ; nos vrais plaisirs consis-

tent dans le libre usage de nous-mêmes ; nos vrais biens sont ceux de la Nature. —

Par le même principe, diroit le Législateur du Mercure, je déciderai que les vrais biens de l'homme sont ceux du *trône* : du moins on n'a rien à desirer au-delà : il est vrai que n'est pas roi qui veut, à moins que la *Nature*, ou plutôt la *puissance qui embrasse tout*, ne donne à un être privilégié plus de génie qu'à ses contemporains : pour moi, je me suis fait roi dans mon cabinet : là, je gouverne l'opinion quand elle est dépravée, et je compte au nombre de mes sujets cette multitude innombrable d'honnêtes désœuvrés, qui se sont condamnés à lire le Mercure.

Après ce petit dialogue entre Buffon et Fiévée, qui doivent être bien étonnés de voir leurs noms accolés dans la même phrase, je reviens à la défense directe de la fameuse ligne de la *Philosophie de la Nature* prolixement dégradée par plusieurs pages de parodie.

« Le philosophe, dites-vous dans votre élu-
» cubration Mercurielle, reste soumis aux
» Loix de la Patrie, quand elles n'interver-
» tissent pas l'ordre éternel... de la Matière
» en mouvement, etc. »

Ici l'étonnement redouble sur l'indécence d'une pareille interprétation ; car enfin, il s'agit ici de la *Nature* en regard avec la *Patrie* ; il s'agit du sens moral que présente une image sentimentale, qui se trouve interverti par un sens physique mathématiquement impossible. En effet, on ne persuadera jamais qu'un être intelligent quelconque, ait pu marier ici le mot *Nature* avec l'idée d'une *Matière en mouvement*, à moins qu'on n'eût perdu sa raison en exploitant les mines de mercure du Nouveau-Monde, ou, qu'à force d'exploiter le Mercure Français, on eût contracté l'habitude de se jouer à dessein de la raison de ses lecteurs.

Au reste, cette idée bizarre de vous permettre une froide démence pour la prêter ensuite à des hommes qui vous font ombrage, a un but secret qui n'échappe pas à mon intelligence ; vous savez bien qu'aucun des quarante mille hommes qui ont lu la *Philosophie de la Nature*, ne vous croira. Mais il existe un ou deux cents de vos Souscripteurs confinés dans les Villages des Départemens, qui ne connoissent notre littérature que par vos feuilles qui la dégradent ; ceux-là seront moins incrédules ; vous leur persuaderez peut-être que la Patrie est en guerre ouverte avec les Sages qui l'éclairent; car toute votre diatribe prouve que vous conjurez la ruine de ces derniers : mais quoique la Providence se serve quelquefois des roseaux pour humilier les cèdres, je doute que votre vengeance révolutionnaire puisse vous réussir. Le sage Napoléon n'est pas prêt de céder son trône à un Robespierre; et quand on a eu un siècle de Louis XIV, on ne fait point un pas rétrograde vers celui de la Saint-Barthelemy.

« La Morale n'est point un art conjectural,
» comme l'Ontologie, et voilà ce qui carac-
» térise l'intelligence... de la Matière en
» mouvement. »

Oh ! pour le coup, mon cher Fiévée, vous blessez jusqu'aux petites convenances de la parodie ; on peut bien travestir les grandes choses en leur imprimant une teinte de ridicule : on fait sourire alors quelquefois l'homme de génie qu'on offense, et à coup sûr on console les petits esprits de leur médiocrité; mais dans ce cas là, il faut que Scarron fasse dire précisément à Virgile ce qu'il a voulu dire, et non le contraire de sa pensée originelle; autrement le Virgile burlesque ne seroit autre chose qu'un Scarron travesti; ce qui n'amuseroit sans doute ni au théâtre de la raison, ni sur les tréteaux des Boulevards.

Or, en ne rapportant pas le texte entier de la *Philosophie de la Nature*, que votre réticence empoisonne, il se trouve que vous lui donnez un sens contradictoire : le voici rétabli dans sa pureté originelle. Lisez, mais ne revenez pas sur vous-même : l'infaillibilité du Journaliste ne doit pas plus reculer que la toute-puissance d'un gouvernement.

« La morale, est-il dit textuellement dans
» l'ouvrage parodié, n'est point un art con-
» jectural, comme l'Ontologie; et voilà ce
» qui caractérise l'intelligence de la Nature. »
» Il nous importe peu de nous tromper
» dans des questions qui n'intéressent que
» notre curiosité : il n'en est pas de même de
» celles qui regardent notre bien-être. Un
» faux calcul sur la précession des équinoxes
» n'entraîne que la ruine d'une hypothèse;
» mais une erreur sur le pacte social peut
» entraîner le malheur d'un million d'hom-
» mes...

» La morale se définit l'art d'être bien avec
» tout ce qui nous environne.

» De ce principe dérive la triple base de nos
» devoirs. Pour observer la morale de la nature,
» il faut être bien avec soi-même, avec le Dieu
» qui nous fait exister, et avec la société qui
» nous protége. — *Philos. de la Nat.* Tom. 2,
» premier chapitre.

Votre dernière critique, d'après la fameuse ligne hétérodoxe sur la définition de la Nature, porte la même empreinte de contre-vérité; et vous mériteriez, si Candide mon cousin ne m'avoit pas appris à être poli, la réponse célèbre du Père Valérien, au Jésuite des Provinciales.

« De quoi s'agit-il en ce moment ? d'épurer
» tous les cultes, et de faire un premier pas
» vers la religion... de la matière en mou-
» vement...

» De la morale de la matière, nous voici
» arrivés à la religion de la matière; c'est aller
» en sens inverse : mais il y a quelque chose
» de si philosophique dans cette marche irré-
» gulière, qu'on ne peut s'empêcher de l'ad-
» mirer. »

Heureusement je n'ai plus besoin de prouver que la philosophie sur la nature des cultes, n'a aucun rapport avec la philosophie de la *Matière en mouvement*. La ligne de démarcation entre les deux ordres de *Nature*, est tracée dans un volume entier presque à chaque page : aussi il ne faut point s'amuser à employer de la grosse artillerie pour dissoudre une critique aërienne, qui se perd dans les nuages du Mercure.

Le Bouffon de l'anti-philosophie croit que partir de la morale de la Nature pour arriver à la religion, c'est marcher en sens inverse, et il abuse encore de la licence des parodies. Rivarol, qu'on citera pour la raison et pour les épigrammes, un peu plus long-temps que le continuateur du Mercure galant, a fait à ce sujet, contre le Ministre Neker, quelques lettres justement célèbres, où le problème est résolu dans le sens inverse, de celui de notre adversaire. Il est difficile, après l'avoir lu, de ne pas croire que la morale attachée par l'Être suprême au cœur de l'homme, ne soit pas antérieure à toutes les révélations.

Il faut terminer cet apperçu d'une théorie

philosophique sur les cultes, par un texte qui achève d'écarter toute interprétation sinistre, que l'intolérance pourroit faire du mot *Nature*, quand cette puissance du second ordre se trouve en présence de l'Être suprême. Ce texte se lit à la page 172 du tom. 1 de la *Philosophie de la Nature*.

« La *Nature*, telle que je l'ai définie, sera
» personnifiée souvent dans mon Livre, parce
» que ce n'est point un être métaphysique;
» tout démontre qu'elle existe par elle-même
» et par ses ouvrages.

» Cependant cette *Nature* n'est point Dieu,
» quoique toutes ses opérations soient des
» prodiges pour notre foible intelligence; si
» je pouvois comparer dans une occasion où
» toute comparaison semble un blasphème,
» je dirois que l'Univers est une salle de spec-
» tacles : la *Nature* est derrière le théâtre, diri-
» geant les ressorts, les machines et les contre-
» poids. Nous sommes sur la scène voyant les
» effets et tâchant de deviner les causes : mais
» Dieu seul est l'architecte de tout l'édifice. »

Il me semble, mon cher Fiévée, que je vous ai pris en flagrant délit sur tous les points de votre Homélie virulente sur la *Philosophie de la Matière en mouvement*, et sur-tout sur la Patrie, sur la morale et sur la religion; par-tout vous avez été injuste, inconséquent, plus que suspect d'imposture, et ce qui vous blessera davantage, souverainement ridicule. Voilà bien des qualifications pour votre malheureuse paraphrase d'une simple définition philosophique : il est vrai que le Saint Siége en imagina davantage quand il donna sa Bulle *Unigenitus*; mais aussi l'anathème pontifical s'étendoit sur cent et une propositions, et l'ami de mon cousin Candide n'offre qu'une ligne à vos pieuses calomnies et à ma vengeance.

Je ne puis mieux finir ce morceau qu'en parodiant contre vous-même la fin de votre diatribe contre la *Philosophie de la Nature*.

» Il n'est pas besoin de citer davantage, pour
» prouver que le critique du Mercure ne s'est
» jamais compris lui-même, qu'il s'est cons-
» tamment écarté du sens qu'on donne, d'après
» la logique du bon sens, à la *Philosophie*
» et à la *Nature*, et qu'il a déraisonné aussi
» complettement qu'on pouvoit l'attendre du
» Dom Quichotte de l'intolérance, qui, dans le

» dessein de pourfendre les géants de la phi-
» losophie, se casse la tête contre les ailes
» des moulins. »

J'aurois encore beaucoup de contre-vérités à relever dans votre superfétation anti-philosophique, mais en vérité je suis hors d'haleine : j'ai épuisé ma gaieté pour la défense d'une ligne, et il ne me resteroit que la froide raison pour purger de votre venin dix gros volumes.

D'ailleurs, que dire à un Écrivain de mauvais goût comme de mauvaise foi, qui se plaint à chaque période du défaut d'ordre de la *Philosophie de la Nature*, quand c'est précisément la filiation de vérités qui s'éclairent l'une l'autre, et qui s'enchaînent sans effort; le fil encyclopédique que l'Auteur ne quitte jamais dans le labyrinthe où il est entré, la méthode enfin, qui a fait le succès de l'ouvrage en Europe ?

Que dire de la mauvaise humeur du critique, contre l'union de la raison calme qui observe avec l'imagination qui colore, contre ce mélange heureux de vérités philosophiques et de tableaux, qui caractérise les grands peintres en philosophie, et qui sur-tout a fait la fortune de Platon, de Montaigne et de Montesquieu ?

Candide m'a dit, et Candide avec son goût naturel, que la lecture des Journaux ne déprava jamais, est pour moi une grande autorité; Candide m'a dit que l'unique réponse qu'il faudroit peut-être faire à un libelle tel que le vôtre, seroit de dire oui par-tout où vous dites non, et non par-tout où vous dites oui. Ce laconisme me rappelle un axiôme d'un homme de génie bien précieux dans sa simplicité. *La vérité n'est qu'un seul mot dans l'entendement de l'Être suprême : si on le savoit, on auroit le secret de la Nature.*

Si tous les gens de goût qui se surprennent à lire le Mercure, disoient un mot, Jean Fiévée n'auroit plus de lecteurs que dans l'enceinte des foires, et le long des vallées de Graisivaudan ou de Quimper-Corentin.

Si un Gouvernement sage disoit un mot, il y auroit sinon du goût (il ne se commande pas), mais du moins de la bienséance dans les Journaux littéraires, ou la moitié en seroit supprimée, à la grande gloire de la littérature.

Mais je m'apperçois que ma gaieté devient raisonneuse, ce qui est un grand contresens à la tête des *Mémoires de Candide*, et sur-tout dans la petite espièglerie que se permet un Bâtard d'amour contre un Bâtard de littérature. —

Bon ! Je parle de Candide, et le voilà qui entre en riant dans mon cabinet, au moment où j'allois fermer ma lettre : il la parcourt, et à l'optimisme près, il la croit écrite par son ancien Instituteur le Docteur Pangloss.

« Mon cousin, me dit-il, avec sa franche
» naïveté, recommandez-moi à la malveillance
» du grand critique Fiévée : conjurez-le de
» me ménager encore moins que le Philosophe
» de la Nature : plus il dira du mal de moi,
» plus le public de Paris m'estimera, et plus
» le Libraire vendra de mes *Mémoires*.

» En reconnoissance d'un pareil service,
» je promets de lui faire jouer un rôle dra-
» matique très-piquant dans ces mêmes *Mé-
» moires*, lors de la troisième édition que mon
» fidelle valet Cacambo se propose de faire,
» l'été prochain, dans Londres, pour le service
» d'une frégate qui va faire le tour du monde.
» La cargaison toute entière en Livres, ne
» sera composée que d'écrits philosophiques,
» déchirés par les Journaux, et de brochures

» de Journalistes, qui ne sont louées, et
» peut-être lues que par eux-mêmes. Les
» premiers se vendront au poids de l'or : les
» autres, en raison de leur poids, resteront
» à fond de calle, pour servir de lest au
» vaisseau.

» Je mettrai mon esprit à la torture, pour
» dire un peu de bien de Jean Fiévée dans mon
» ouvrage : de son côté Jean Fiévée suivra sa
» pente naturelle, pour dire de moi beaucoup
» de mal dans son Mercure. Le public, proba-
» blement, ne nous croira ni l'un ni l'autre; et
» probablement aussi, le public aura raison.

» Il sera très-plaisant que nous allions tous
» deux à la postérité à la fois; moi, parce que
» mon adversaire, par le fiel de ses libelles, a
» tenté de m'empêcher de vivre; et lui, parce
» que par l'ironie de mes éloges, je l'ai em-
» pêché de mourir. —

Voilà la commission de mon cousin remplie, et ma joyeuse lettre terminée. Sur ce Monsieur Jean Fiévée, je prie le Dieu de Zoïle, qui vous est un peu plus connu que celui d'Abraham, d'Isaac et de Jacob, de vous prendre en sa sainte garde.

NÉPOMUCÈNE FRANKENTAL.

PRÉLIMINAIRES
DE L'ÉDITEUR FRANÇAIS.

Béni soit le Dieu du goût, qui ramène un moment dans Paris, avec Candide, cette antique gaieté Française, avec laquelle nos aïeux émoussaient la pointe du poignard révolutionnaire, lorsque la Nation n'était pas assez sage pour se passer de Révolution.

Je remercie le Dieu du goût, parce que sans lui, un Peuple qui s'honore d'un siecle de lumieres, n'a point de gaieté : l'urbanité, les graces dans la diction, la finesse dans l'ironie, sont le cachet de cette gaieté par excellence. Athènes n'était point gaie, quand ses Orateurs, vendus aux Quatre Cents, distillaient le fiel révolutionnaire de leur plume d'Archiloque : Paris ne l'était pas en 1792, lorsque les feuilles cyniques du père Duchesne faisaient rire une populace de cannibales autour de l'échafaud de Louis XVI.

La France toute entière accueillit Candide en 1760 : c'était un beau jeune homme, étonné de tout, justifiant tout et dupe de tout. On aime ces caractères, principalement dans les grandes Villes, quand par hasard on en rencontre. Les hommes de bonne compagnie, regardaient l'étranger comme une médaille vivante de l'ancien monde; les femmes se plaisaient à mettre à l'essai son ingénuité touchante ; il étonnait un sexe, il captivait l'autre ; c'était un moyen sûr d'appeler par-tout l'hospitalité.

D'ailleurs, à cette époque où la France, à l'abri des tempêtes politiques, n'exerçant son activité inquiète que sur une Compagnie de Jesus, ou sur une Bulle *Unigenitus*, gouvernait en paix l'Europe avec les débris de son siècle de Louis XIV ; tout ce qui tenait par quelque point à une nature neuve, devait avoir l'assentiment, même des êtres à nature décrépite et dégénérée : on raisonne toujours bien, quand on respire sous un ciel sans orages, et il n'y a pas de meilleur moyen de conserver la logique des Peuples, que de les rendre heureux.

Ajoutons que Candide, à ce premier avénement en France, pouvait se glorifier, parmi les gens de lettres, d'avoir pour père le Docteur Athanase Ralph, le premier Philosophe de l'Allemagne, après l'inventeur des Monades, et pour Mécène, Voltaire, le plus beau génie de l'Europe, et sur-tout le plus facétieux, puisqu'il s'amusa à mettre l'Histoire en tableaux satyriques, et la Religion en épigrammes.

Il s'en faut bien que le Candide de 1800, ait autant d'avantages que le Candide de 1760 : quarante ans de plus, dans l'âge de cet Alcibiade de la Westphalie, diminuent singuliérement l'intérêt que ses amours ont fait naître : l'imagination se prête avec peine à voir la sensibilité en cheveux blancs ; et les Cunégondes de nos Capitales ne veulent pas même de barbe aux Candide dont elles veulent mettre à l'épreuve l'ingénuité.

Il faut tout dire ; le Docteur Emmanuel Ralph, qui nous gratifie aujourd'hui des nouveaux Mémoires de Candide, n'a pas fait ses preuves de génie, comme le Docteur Athanase Ralph, son oncle, qui introduisit le premier dans le monde le charmant élève de Pangloss : cet Athanase remplissait de son nom les Universités de Tubinge et d'Iena, composait tous les ans des brochures savantes qu'on vendait avec l'Almanach de Liége et les Romans du jour, à la foire de Leipsick ;. et s'il n'était pas mort à Minden, il y a quarante ans, il aurait, en occupant seul toutes les bouches de la Renommée, étouffé dans son germe le génie de Kant, et privé ainsi le monde des rêveries scientifiques, mais un peu indigestes, du Descartes de l'Ontologie.

Or, savez-vous comment s'y est pris Emmanuel pour n'être pas trop écrasé par la gloire d'Athanase ? Il n'a pas voulu que le Candide de 1800 fût éternellement facétieux comme le Candide de 1760 ; il a imaginé des points de repos entre les joyeuses aventures de son voyageur ; et ces intervalles, il les a remplis par des dissertations académiques, qui visent à être profondes : par ce moyen, il se forme un petit patrimoine de renommée tout à fait indépendant. Il est à-la-fois penseur et épigrammatique, et s'il ne manie pas l'arme de l'ironie avec autant de finesse que son oncle Athanase, il s'en consolera par l'espoir d'être un jour au-dessus de lui dans le Panthéon des Idéologues.

Les morceaux *pensés* du Livre d'Emmanuel, dont il n'existe aucun modèle dans les Livres *épigrammatiques* d'Athanase, sont sur-tout les Homélies philosophiques sur la liberté de la Presse et sur la Paix générale de l'Europe.

Je ne sais si en ma qualité d'Editeur, je ne me fais pas un peu illusion sur le mérite de l'ouvrage que je publie ; mais je ne crois pas qu'il existe en Europe aucun livre, où la question de la liberté de la Presse s'est présentée sous un plus grand nombre de faces, où elle soit discutée avec plus de profondeur : il me semble qu'il n'est pas facile, à cet égard, de résister à la logique serrée et vigoureuse de Candide : c'est un Chevalier de la Table-Ronde, armé de toutes pièces, qui peut défier sans péril, comme sans gloire, les corps nus et sans muscles d'une légion d'esclaves.

Le problème de la Paix universelle n'offrait pas à la géométrie de Candide autant de données pour le résoudre ; car ici la Diplomatie est sans cesse en contradiction avec les Puissances qui font les destinées du Monde : la

Diplomatie présente des principes, et les Puissances opposent des faits : or, les principes posés par la raison, ne s'accordent pas plus avec les faits amenés par la force, qu'Oromase et Arimane dans la Cosmogonie de Zoroastre.

Platon, qui fait des *Républiques*, Morus, qui écrit des *Utopies*, un Diplomate, qui rêve dans son cabinet sur le bonheur du Monde, sont tous des fabricateurs de bulles de savon ; pendant que les enfans qui sont gouvernés admirent, les hommes forts qui gouvernent soufflent sur cette architecture brillante et légère, et tout disparaît.

Si les principes gouvernaient la terre, les Rois, soit héréditaires, soit amovibles, ne seraient pour elle qu'un objet de luxe; elle serait en paix, elle serait heureuse, par la seule force de son pacte social.

Cependant, quoique l'Art de négocier entre les Souverains semble aussi arbitraire que celui d'interpréter les hyérogliphes, quoique l'équilibre du Monde social ne se maintienne qu'à la façon de Brennus, en mettant d'un côté la Paix et de l'autre une épée dans les bassins de la balance, il n'est pas tout à fait déraisonnable qu'on écrive des Romans philosophiques sur la pacification de l'Europe, et qu'on donne avec les principes une base à la Diplomatie.

Ces principes, ces romans, sont des especes de fanaux, placés de loin en loin sur des pointes de rocher, dans des mers orageuses : on ne les cherche point quand le ciel est calme et que le Pilote peut estimer sa route; mais si la tempête se déclare, si les vagues et les courans font dévier le navire fracassé et entr'ouvert, alors on tente de reconnaître son erreur par les fanaux, on se fait jour au travers des écueils qu'on avait imprudemment bravés, et lors même que le gouvernail échappe, on recule son naufrage.

Ces fanaux diplomatiques, dont la puissance se moque, sont quelquefois utiles, même à la puissance. Car enfin, ces jeux de Cabinet, qu'on appelle des Traités, sont de la nature la plus fragile ; ils n'ont que la durée du caprice dominateur qui les a fait naître : du moment qu'ils se dénouent, il faut bien les rattacher à la chaîne des principes : c'est l'unique moyen de se réconcilier un peu avec l'opinion publique, quand à des guerres sanglantes, on ne fait succéder que des paix éphémères; quand un Etat, appauvri par ses défaites, et quelquefois même par ses victoires, n'ayant pas le tems de réparer ses principes de vie, court le risque de se briser contre la ligue de l'Europe.

Les fanaux de la Diplomatie sont d'autant moins à dédaigner, que, dans les vicissitudes sanglantes des Etats, les faibles tour-à-tour deviennent forts et les forts deviennent faibles : or, quel est l'appui de la faiblesse, contre la

la force qui menace de tout envahir ?
Ne sont-ce pas les principes ? Si ceux-
ci sont bannis, même de la langue
des Négociateurs, comment empêcher
que le Globe ne soit un jour comme
nos plaines révolutionnées de la
Vendée, qui n'offrent qu'un *amas
de décombres, cimentés du sang des
hommes ?*

Peuples qui errez de gouvernement
en gouvernement, sans savoir où reposer votre pacte social, tournez de
tems en tems vos regards vers les
fanaux des principes : Souverains des
Peuples libres ou non libres, qui
vous jouez de toutes les destinées
humaines, sans songer que les vôtres
ont les mêmes vicissitudes, contentez-

vous de ne pas voir ces fanaux, mais ne les éteignez pas.

Je crois avoir justifié Emmanuel Ralph, par le bon esprit qui dirige ses vertueuses hardiesses : mais, tout Editeur, tout Commentateur que je suis, je ne prétends pas faire l'apologie de toutes les petites erreurs de détail qui peuvent lui avoir échappé : n'oublions pas que le Docteur est un bon Allemand, moins accoutumé à vivre avec des Diplomates, qu'avec les Grotius et les Puffendorf de sa bibliothèque. J'aurais bien pu rectifier ses minces inadvertances ; mais alors le vernis précieux d'originalité qui le distingue serait perdu : il en est d'un homme à qui on suppose du génie, comme d'une médaille antique, à qui on ôte son prix dès qu'on touche à son empreinte.

Emmanuel en particulier, semble douter que le traité de Lunéville ait la durée de celui de Westphalie : abandonnons Emmanuel à sa vertueuse misanthropie ; plaignons, en bons Français, Emmanuel de ne croire ni au talent ni à la fortune, mais ne corrigeons pas son ouvrage.

Nous avons en France un Napoléon, bien supérieur à tous les Emmanuel de l'Allemagne, et même à tous ses Athanase, qui après avoir rempli le Monde de ses exploits militaires, aspire à la gloire plus grande encore de le pacifier. Ce Napoléon, comme César son modèle, ne sait rien faire à demi : il a jeté au travers des discordes, des haines et des rivalités, son traité de Lunéville, et il le maintiendra, parce que l'Europe tremble, et qu'il s'appelle Napoléon.

VIE DU DOCTEUR *ATHANASE RALPH*, PREMIER HISTORIEN DE CANDIDE.

PAR L'ÉDITEUR FRANÇAIS.

EMMANUEL RALPH, Auteur des Mémoires publiés aujourd'hui, jouit en paix de sa gloire dans sa petite Université de Westphalie, et comme il n'a point l'honneur d'être Prince, je n'ai pas le droit de le louer de son vivant : cependant la curiosité publique ne serait point satisfaite, si je ne donnais pas à la France quelques détails historiques sur cette famille Ralph, qui partage avec la famille Kant, le privilége d'occuper toutes les plumes oisives des Cercles de l'Allemagne ; alors j'ai cru devoir choisir pour mon Héros cet Athanase, qui le premier a mis sur la scène l'amant ingénu de Cunégonde, et l'a conduit avec un fil vraiment dramatique, de faiblesse en faiblesse et d'infortune en infortune, depuis le fatal baiser donné derrière un paravant, jusqu'à ce que, dégoûté, non de la nature, mais des hommes, il vint jouir de soi-même dans un modeste jardin des bords de la Propontide.

Athanase Ralph naquit dans une ferme du château de Thunder-ten-Trunck, en Westphalie, l'an 1680 : c'était l'avénement de la fameuse comète, qui fit déraisonner tant de têtes pensantes en Europe, jusqu'à celle du fameux Bayle. La Baronne, élevée dans le Chapitre Noble, le plus superstitieux des Cercles, appréhendant que l'astre nouveau ne vînt, avec sa queue flamboyante, embraser le château de son époux, le quitta un soir, et se mit à fuir dans son chariot

Hongrois, jusqu'à ce qu'elle se crut hors de la portée de son influence : mais comme, à chaque station que faisait la voiture, elle retrouvait toujours la comète fatale sur sa tête, elle se détermina, après trois semaines de cette vie errante, à retourner dans ses foyers. Elle devait tenir sur les fonds Athanase; celui-ci atteint, quelques heures après sa naissance, de convulsions violentes, fut sur le point de mourir sans baptême, ce qui aurait infailliblement attiré, de la part des Théologiens de la ferme, quelques malédictions pieuses, soit à la Baronne, soit à la comète.

Athanase, à vingt-cinq ans, se fit Abbé; c'était l'état de ceux qui n'en avait point : les Ministres des Autels le trouvaient très-instruit, la Baronne, ce qui était bien plus utile, le trouva d'une très-belle figure, et il devint Aumônier du château.

Un Aumônier de vingt-cinq ans, qui n'a qu'une messe à dire par jour, et la confession d'une femme surannée à entendre par semaine, trouve les entr'actes bien longs dans la comédie de la vie. Athanase s'était fait donner la surintendance d'une Bibliothèque, confinée, avec des titres de noblesse et de vieilles armures de Chevalerie, dans un donjon du château : il se fit homme de lettres ; c'était alors un Art honorable en Allemagne, pourvu qu'on n'attaquât aucun préjugé du tems, et que quand on composait un livre chez un Seigneur qui ne savait pas lire, on lui en fit agréer la dédicace.

Le premier ouvrage d'Athanase fut une brochure latine sur le libre arbitre, qui lui fit un grand honneur dans un petit coin de la Westphalie ; il l'envoya à un Electeur de Trèves, qui promit d'en faire la lecture, si son Chapitre n'y trouvait aucune hérésie : le Chapitre se partagea suivant l'usage, quand il s'agit de controverses, et son Altesse, pour ne point compromettre sa foi, ne lut pas la brochure.

Le savant Fréret voyageait à cette époque en Allemagne ; Fréret, jeune encore, et dans toute la ferveur de son incrédulité naissante ; il fut invité à dîner au château de Tunder-ten-Trunck ; interrogé par le Baron sur le livre de l'Aumônier, il n'y a qu'une petite difficulté, dit-il, c'est que le libre arbitre est une chimère de la métaphysique : l'être intelligent qui raisonne est toujours déterminé par une cause, et puisque cette cause a nécessairement un effet, la liberté dans l'homme désigne moins un des attributs de sa nature, qu'une des chimères de son orgueil.

Le Docteur Ralph, bien étonné, se recueillit,

et commença à douter de tout ce qu'on lui avait appris à l'école du grand Leibnitz ; cependant il ne pouvait se résoudre à croire que l'entendement humain combine des idées, comme une horloge sonne des heures, et l'excès du scepticisme lui en offrait l'antidote. Mais, dans l'embarras où il se trouvait de répondre aux subtilités de la métaphysique, il donna une autre direction à sa théorie : ce ne fut plus le libre arbitre qui occupa sa plume, ce fut la liberté politique : du moins, dit-il, celle-là ne me sera pas contestée ; son existence est d'autant plus certaine, qu'elle émane de la raison des Lois, et que c'est un bienfait, non de la nature, mais du pacte social.

Le livre terminé, Athanase sourit un moment sur la supériorité de sa logique, et envoya son volume, décoré d'une approbation de quatre Facultés, au Président de Montesquieu.

Le Président n'avait encore fait que les Lettres Persannes; mais l'Esprit des Lois était en germe dans sa tête, et personne en Europe n'était plus en état que lui d'apprécier l'ouvrage d'Athanase : il lui écrivit la lettre suivante, qu'on chercherait en vain dans le recueil, assez insipide, que l'Abbé Comte de Guasco nous a donné des lettres familières de ce grand Homme :

« J'ai lu, mon cher Docteur, votre
» nouveau livre, dont le mérite m'a frappé
» malgré l'approbation de tant de têtes four-
» rées d'hermine, qui le déshonorent : j'aime
» beaucoup que vous plaidiez la cause des
» Peuples contre les Rois : cette cause,
» d'une multitude éternellement en minorité,
» est toujours gagnée au tribunal de l'opi-

» nion publique ; malheureusement il faut
» la plaider auprès des Rois mêmes, et
» ceux-ci ne prononcent jamais.

» Vous le dirai-je encore ? la liberté
» politique, bien analysée, est une fable
» convenue, imaginée par les hommes qui
» gouvernent, pour endormir la surveillance
» des gouvernés : c'est avec ce mot de
» liberté politique, qu'on apprivoise les Na-
» tions au joug ; c'est en leur disant, dans
» le préambule des Arrêts de Conseil,
» qu'elles sont libres de droit, que, de fait,
» on les retient esclaves.

» Pour qu'il y eût un vrai Peuple libre,
» il faudrait que les gouvernés fussent des
» Sages et que les gouvernans fussent des
» Dieux.

» Vous êtes, mon cher Docteur, du

» nombre des Sages, mais ne songez pas
» plus, que les bons Empereurs de Rome,
» à être, de votre vivant, du nombre des
» Dieux. »

Cette lettre donna encore une nouvelle direction à la philanthropie d'Athanase : il se renferma plus que jamais dans sa Bibliothèque, et au bout d'un an, il parut de lui, à Altona, un robuste in-4.º sur la liberté de penser, qui eut un succès prodigieux à l'Académie d'Iena, au Synode catholique de Thunder-ten-Trunck et à la foire de Leipsick.

Fontenelle, qui était en correspondance littéraire avec Athanase, reçut l'in-4.º à grandes marges, et lui envoya en échange la feuille exiguë de son petit conte irréligieux de *Mero et Enégu* : il avait fait écrire sur le verso du frontispice, par une main étrangère, (car sa timide incrédulité n'osait se compromettre) ces petits paragraphes :

« L'homme n'est vraiment libre que par
» sa pensée ; car il échappe par elle à tous
» les despotismes.

» L'Être fort ne comprend pas la pensée
» de l'Être faible ; car il croit que tout ré-
» side dans la force : le tyran devine la
» pensée de sa victime, mais il ne l'atteint
» jamais.

« Ainsi l'homme qui pense ne reconnaît
» aucun maître dans toute l'étendue de son
» entendement : il y exercerait une souve-
» raineté absolue, s'il y trouvait des sujets ;
» il serait Monarque, si le vuide constituait
» une monarchie.

» Malheureusement la pensée perd sa

» toute-puissance, dès qu'elle se manifeste
» dans l'ordre social : son ennemi (et,
» comme l'esprit immonde de l'Evangile,
» il s'appelle *Légion*,) l'attaque sous toutes
» les formes où elle se montre : simple dis-
» cours, il l'empoisonne ; tracée sur un
» papier fugitif, il l'accuse devant les Lois
» qu'il a faites ; fixée en caractères mobiles
» par l'Art de l'Imprimerie, il en fait un
» délit de lèse-souveraineté.

» Homme social, tu es libre par la pensée ;
» mais, surveillé comme tu l'es, sur la
» moitié du Globe, par des Gouvernemens
» inquiets ou pervers, tu ne jouiras de cette
» liberté, dont tu t'énorgueillis, qu'à con-
» dition que tu ne diras rien de profond
» en réformes, que tu n'écriras rien de
» neuf en politique, et que tu n'impri-
» meras rien de courageux sur les Gou-
» vernemens.

Cette critique indirecte de l'ouvrage de Ralph, n'était par faite pour encourager le Docteur : cependant, comme il avait un sens très-droit, il suivit, jusqu'à un certain point, le conseil de Fontenelle ; il continua à faire des livres, car c'était son élément : le cours libre de sa plume était aussi nécessaire à sa main, que le mouvement de la systole et de la diastole à son cœur; mais il s'entoura prudemment du voile de l'anonyme, et ce voile, entr'ouvert quelquefois par l'amitié, ne paraît pas avoir jamais été déchiré par la malveillance.

Un des ouvages de ce genre, qui lui fera le plus d'honneur auprès des siècles, est une Histoire philosophique, écrite en Allemand, du plus beau monument de Diplomatie, dont l'esprit humain s'honore, depuis la fameuse convention de Gélon avec l'homicide Carthage, du traité de Westphalie. C'est

ATHANASE RALPH. xxxiij

C'est à l'époque de la publication de ce beau livre, qu'Athanase, qui avait déjà vu une seconde génération dans le château de Thunder-ten-Trunck, connut Candide, son instituteur Pangloss, son amante Cunégonde, et qu'il écrivit l'histoire mémorable de leurs aventures.

Il allait proposer un traité à un Libraire de Neufchâtel, pour la vente de ce manuscrit précieux, lorsque, obligé de traverser la plaine sanglante de Minden, le jour où le Maréchal de Contades paya, par une déroute, le bâton de Maréchal de France dont Louis XV l'avait gratifié, il fut arrêté pas des housards de la mort, qui prirent sans doute sa robe de Docteur pour un uniforme ennemi, et égorgé froidement sur le champ de bataille. Ce malheur arriva, comme l'on sait, le 1.er Auguste 1759.

Un de ces housards de la mort, qui tuaient les hommes par désœuvrement, comme Domitien tuait les mouches de son palais, en attendant la signature de ses listes de proscription, prit le manuscrit, qu'il regarda comme des dépêches de la plus haute importance, et le porta au Roi de Prusse, qui l'envoya à Voltaire : celui-ci maria son goût exquis à l'érudition d'Athanase ; et c'est après tant de révolutions, que Candide vint régner gaiement sur la littérature de l'Europe.

Athanase laissa beaucoup de regrets en Allemagne : il était attaché aux Lois de son pays, au Culte de ses pères, faisait le bien sans ostentation, écrivait pour propager les principes, et, déchiré dans des écrits clandestins, par des hommes de Lettres jaloux qu'il avait obligés, se vengea d'eux en mettant lui-même du goût et de la raison dans leurs libelles.— C'était un bon homme.

Athanase, dans ses nombreux écrits, a déchiré bien des voiles sur la nature; il a tenté d'enchaîner l'Europe au bonheur par une seconde paix de Westphalie, il a fait Candide. — Peut-être dira-t-on dans cent ans, qu'il fut un grand Homme.

Cependant on n'ose se flatter que les Bénédictins d'Italie, dans leurs légendes, lui donnent une immortalité pareille à celle du père de l'Eglise Saint Athanase.

Au reste, il faut se consoler de tout, excepté de perdre Cunégonde, quand on s'appelle Candide; de voir tomber sa *correspondance*, quand on écrit en Français à des Russes; et de mourir, avant qu'une révolution soit terminée, quand on a vu traîner à l'échafaud un Louis XVI.

MÉMOIRES
DE
CANDIDE,
PAR LE DOCTEUR
EMMANUEL RALPH.

DÉDICACE
AUX PARISIENS.

Peuple, long-tems léger avec goût, sensible dans la frivolité, et plus heureux, sans doute, quand tu étais Peuple, que lorsque tu as aspiré à peser dans tes mains inhabiles les destinées du monde, Parisiens, je mets Candide sous votre sauve-garde; et je me hâte de prononcer le nom de ce héros, qui vous fut cher, parce que quoique vous ne lisiez plus rien, à cause de lui vous lirez peut-être mon ouvrage.

Candide vous fut présenté pour la premiere fois, par le joyeux Auteur de la Pucelle, en 1760. Il était bien jeune alors, et vous l'accueillîtes : vous et lui, vous étiez également dans la saison des amours; il est tout naturel que le printems se plaise avec le printems : oh combien, depuis quarante ans, tous vos rapports sont changés ! le tendre amant de Cunégonde est devenu sexagénaire, et toi, Peuple protecteur du globe, il ne t'a fallu que dix ans de Révolution, pour arriver aux rides flétrissantes de la vieillesse : mais non, je me trompe peut-être ; Candide, avec son imagination de vingt ans, pourrait bien ne pas te paraître sexagénaire : pour toi, dix ans ne sont qu'un point dans ta grande et noble existence; j'aime à croire que tu as conservé ta fraîcheur et que c'est au verre hideux de la Révolution, que tu dois les apparences de la caducité : ici ce n'est pas l'objet qui trompe, c'est le télescope.

Ne t'attends pas, mon cher Athénien de Paris, de retrouver dans ces Mémoires le Paradis terrestre d'Eldorado, les amours de Cunégonde et de la Princesse de Palestrine : Candide, avec les huit nouveaux lustres qui surchargent sa tête, a perdu, sinon les graces de son esprit, du moins la fraîcheur, et si j'ose le dire le velouté de ses sens ; il sait qu'il y a un âge pour parler à la raison, comme un autre pour parler au cœur, et qu'il serait aussi étrange de gouverner les hommes avec la jolie figure d'Alcibiade, que d'aimer les Cunégondes de la Westphalie, avec les cheveux blancs de *Nestor* ou de *Fontenelle*.

Le dirai-je encore ? quand même mon Héros seroit Anacréon, trouverait-il ici des Bathylle et des Glycère pour applaudir à ses chants d'amour ? Paris a abattu ses Temples de Gnide, il s'est apprivoisé avec des scènes de carnage, il pourrait rendre discordante la Lyre voluptueuse du chantre de Théos. Paris, depuis le 21 Janvier 1793, a je ne sais quelle odeur de sang qui fait fuir les Graces; il traîna un jour ses Colombes même à l'échaufaud: ses Colombes !... Anacréon les plaçait sur l'Autel de Vénus, mais ne les égorgeait pas.

Candide s'est donc mis au ton de son

âge et à la hauteur de son siècle ; il se joue toujours avec le fleuret de l'ironie ; car c'est l'arme de la gaieté que l'homme né plaisant n'abandonne jamais : mais cette ironie, il la porte sur les objets de la Politique, et il faut lui en savoir gré ; la Politique qui raisonne rend les mœurs féroces, tandis que celle qui joue les adoucit. Si la France n'avait constamment attaqué sa Révolution qu'avec l'ironie de Socrate et l'atticisme de son siècle de Louis XIV, elle n'aurait jamais eu de Gouvernement Révolutionnaire.

Les principales bagatelles, sur lesquelles s'exerce la verve de l'amant de Cunégonde, sont la liberté de penser et la paix : il aime la liberté de penser, pour faire un bon livre, et la paix pour le vendre : plus d'un homme de talent s'est fait un nom, en traitant de moins graves bagatelles.

Bon Peuple de Paris, on te dira qu'il ne doit y avoir de libre dans une République que la partie des hommes qui gouvernent : ne va pas croire cela, car il s'en suivrait que depuis une décade non de jours, mais d'années, tu aurais eu trente-deux espèces de liberté, car tu as déjà eu trente-deux espèces de gouvernemens.

On ajoutera qu'un grand Empire comme le tien, ne doit donner la paix à l'Europe qu'avec son épée, et on t'induira encore en erreur : l'épée, comme le génie de Shakespéar, joue avec les têtes couronnées et ne les réconcilie pas avec les Républiques ; elle fait taire les Lois, mutile les Arts, déchire les Etats et ne pacifie rien.

Au reste, sur toutes ces graves controverses, je m'en rapporte, mon cher Parisien, à ton sentiment intime, car j'imagine que tu es libre de penser ce que tu jugeras à propos, sur la liberté de penser, jusqu'à ce qu'un rescrit signé l'Empereur Tibère, ou le Calife Omar, ou le Général Henriot, fasse, de cet épanchement de l'homme de la nature, un délit de lèse-Gouvernement.

Quant à une seconde paix de Westphalie, à une espece de paix éternelle, après laquelle soupirent les Philosophes,

xlvj DÉDICACE AUX PARISIENS.
je te la souhaite, bon Peuple de Paris, et dussé-je finir comme un Sermon, je te la souhaite en Numa, en Marc-Aurèle et en Fénelon. — Ainsi soit-il.

Le Docteur EMMANUEL RALPH, *Professeur du Droit public dans une Ville Impériale où il y a un Droit public, et Membre de l'Académie de Turin, qui, malgré son Vice-Roi, a encore le titre d'Académie.*

ERRATA.

Page 176, ligne 1.ere — *Le Gouvernement révolutionnaire a paru*, — Mettez, *le Gouvernement révolutionnaire a* péri.

Page 183, ligne 17, — *Par cette cruelle division*, — Mettez, *Par cette cruelle dérision*.

MÉMOIRES

MÉMOIRES DE CANDIDE.

CANDIDE PREND DES LEÇONS A L'OPÉRA, SUR LA LIBERTÉ DE PENSER.

Non, je n'ai point assez de mes deux yeux pour contempler ce Paris qui a élevé si haut la gloire de l'esprit humain, chez qui depuis l'expulsion des Rois, tout Citoyen est Roi : ce Paris, que ses Monarques avaient fait la Métropole de la France, et que les Républicains vont avant peu rendre la Métropole du Monde : il faut donc avouer qu'une Révolution est une belle chose ; elle me réconcilie avec l'Optimisme de Leibnitz, qu'un grand Philosophe d'un petit hameau de Westphalie m'a prêché en vain depuis quarante ans : oui, Paris serait l'Eldorado de l'Europe, si avec sa brillante renommée il se procurait une paix éternelle ; il serait singulièrement doux d'y vivre, si on n'était pas si pressé d'y mourir.

Ainsi parlait Candide entrant à l'Opéra le jour d'une représentation d'Armide : son enthousiasme se prolongea jusqu'à la scène des Diables, que le parterre s'amusa à interrompre pour faire chanter à grands chœurs l'Hymne de la Liberté ; petite licence Républicaine que les belles Dames des loges se permirent de siffler, mais que les Citoyens placés au bas justifièrent en les faisant mettre à genoux : Voilà dit le Westphalien, un hommage à la Liberté, que les jolies femmes de Paris auraient pu rendre plus librement ; mais il ne faut point disputer sur les mœurs des Peuples : n'ai-je pas vu deux jeunes Américaines, trouver très-mauvais qu'on tuât de jolis singes qui venaient les mordre par derriere ? Si la Liberté veut qu'on l'honore à genoux, c'est-à-dire, à la manière des esclaves, ne faisons pas pour cela le procès aux Cunégondes de Paris, qui sont plus jolies, et qui probablement raisonnent aussi-bien que les Cunégondes des Oreillons.

Un petit homme qui versifiait des riens, en l'honneur des grandes choses qu'opérait journellement la République Française, prit à part dans un entr'acte l'Élève ingénu du Docteur Pangloss : Citoyen, lui dit-il, il paraît que votre heureuse étoile vous a permis de beaucoup voyager. — Monsieur, répond Candide, je n'ai point l'honneur d'être Citoyen. — Monsieur, à ce que je vois est un Chouan ? — J'ignore dans quelle carte se trouve le Royaume des Chouans : je suis né tout simplement dans un beau château à donjon et à pont-levis, du cercle de Westphalie. — Pardon, mais ne vous connaissant pas je vous ai donné le plus beau nom qui me soit venu en idée ; j'ai vu que vous étiez un homme, et je vous ai appelé Citoyen. — Je suis loin de m'offenser ; votre courtoisie est libre de me donner des éloges, et ma modestie est libre aussi de les refuser : c'est un grand bonheur d'être libre ; sur-tout quand on vient de le prouver dans un Hymne d'Opéra. — Monsieur le Westphalien, j'aurais un conseil à vous donner, c'est de ne vous faire appeler Monsieur, que dans votre château à donjon, de Westphalie. — Eh ! pourquoi, s'il vous plaît ? — Parce qu'en vertu des Droits de l'Homme, on a ici le droit de tout penser, de tout dire, de tout imprimer même, excepté de ne pas se faire appeler Citoyen. — Mais, si je ne le suis pas, j'usurpe un privilége. — Si vous ne l'êtes pas, vous le deviendrez : on devient tout ce qu'on veut avec ce mot magique : c'est le Monseigneur de l'ancien régime, avec lequel l'être le plus mince obtenait des Régimens, des Ambassades, et même des fauteuils à l'Académie. — Permettez-moi, au nom de la liberté de penser, qui est ici dans son élément, de vous faire une réflexion : Ne serait-ce pas un mode plus sûr d'honorer le nom de Citoyen, que de ne pas le rendre trop universel ? Il me semble que dans les Monarchies on n'est flatté d'être appelé Monseigneur, que parce qu'un très-petit nombre de Grands peut y prétendre ; dans un Empire où tout le monde est Noble, il n'y a point de Noblesse; et dans une République, où tout le monde a le droit de Cité, il n'y a point de Citoyen.

Le jeu de l'orchestre termina l'entretien ; Armide s'acheva, à la grande satisfaction de Candide, qui ne savait ce qu'il devait admirer le plus, de la Musique de Gluck, du Poëme de Quinaut, ou de l'Episode héroïque de l'Hymne à la Liberté : cependant, il avait sur le cœur l'entretien un peu étrange du Poëte Citoyen ; et il ne se consola qu'en réfléchissant que le petit homme lui avait dit, qu'à la légère entrave près, de ne pouvoir s'appeler par son nom, chacun était libre en France de tout penser, de tout écrire, et de tout imprimer.

Candide était déjà sous la galerie extérieure de l'Opéra, quand il fut accosté par un homme extrèmement poli, qui le prit tendrement par la main, et l'invita de l'accompagner au Bureau Central de Police. Candide, malgré l'urbanité de son compagnon de route, ne laissait pas que d'avoir quelque inquiétude ; et le lieu sinistre où on le déposa, ne contribua pas à la dissiper : heureusement, il n'attendit que quarante-quatre heures son tour pour être interrogé : plus heureusement encore, on le mena à un Administrateur, ancien Géomètre de l'Académie, supérieur par ses lumières et par son ame à sa place ; il était entré dans ce Tartare, comme l'Orphée de la Thrace dans celui des Grecs, pour consoler des ombres et enchanter le Cerbère et les Euménides.

L'homme aux belles manières ne manqua pas d'expliquer l'affaire au Juge, à la manière de ce que la Rome des Césars appelait un délateur, et la France Républicaine, un espion : il présenta sous un jour très-suspect la phrase innocente sur l'Hymne à la Liberté, et l'entretien civique avec le versificateur : le Géomètre se contenta de demander le nom de l'accusé, et au seul mot de Candide, qui lui rappelait un Héros que Voltaire lui avait rendu cher, il présenta un fauteuil à l'amant de Cunégonde, le fit asseoir à ses côtés, pendant que l'homme poliment vil restait debout ; et au bout d'un quart d'heure de séance, où il ne fut pas dit un seul mot de l'affaire de l'Opéra, il le pria à dîner pour le lendemain, lui donna un baiser fraternel, et le renvoya.

Le premier objet que Candide rencontre au sortir du Bureau Central, est le versificateur Citoyen : Je viens de lire, dit ce dernier, vos singulières aventures, telles que l'Auteur facétieux de la Pucelle les publia en 1760 : ce livre m'a singulièrement électrisé ; j'imagine peu par moi-même, mais j'aime beaucoup à mettre en rimes ce que les hommes de génie mettent en pensée, et je me propose de versifier vos Mémoires. — Quoi, vous mettrez en vers le Docteur Pangloss, le Baron de Tunder-ten-Trunck, et la Ville de Valderghoff-Trabk-Wickdorff ! . . . . Monsieur assurément n'aime pas l'harmonie. — Ces mots deviendront harmonieux sous ma plume, comme tant d'autres que j'ai déjà naturalisés dans la langue de Racine : mais je vous préviens que par-tout où je trouverai les noms ignobles de Monsieur, de Baron, de Duc, de Cardinal, de Pape même, je leur substituerai celui de Citoyen : je veux, en bon Républicain, que tout soit Citoyen sur le Globe, depuis le Turc qui renferme au château des sept tours les Citoyens Ambassadeurs de France, jusqu'au Chinois qui a l'ineptie de se croire heureux sous son Despotisme Patriarchal de quatre mille ans : depuis le Lapon de quatre pieds de haut qui offre sa femme aux Citoyens de l'Europe, jusqu'au Sauvage de la Nouvelle-Zélande, qui les mange tout vivans aux Terres Australes.

ORACLES SUR LA LIBERTÉ DES JOURNAUX, ÉMANÉS DU TRÉPIED D'UNE IMPRIMERIE.

Tout en dissertant ainsi, le Citoyen du faubourg Saint-Jacques et le Citoyen de Westphalie, arrivèrent devant la porte d'un Journaliste, très-peu connu quoique très-protégé, qui s'appelait modestement *le Citoyen Français*, et qui, à l'ombre de ce titre de souveraineté, gourmandait tous les matins dans sa feuille éphémère, les hommes de l'Ecole de Platon ou de Montaigne, qui s'avisaient de régénérer les Etats sans avoir consulté préalablement ses paragraphes.

Candide, qui vit sur la porte du Journaliste, *Imprimerie du Citoyen Français*, témoigna quelque envie de s'y arrêter; il roulait depuis long-temps dans sa tête le projet de publier la suite de ses Mémoires:

et comment ne pas espérer de réussir lorsque dans un pays où la Loi donne la liberté de tout imprimer, le Citoyen Français prendra sous sa sauve-garde le Manuscrit d'un Citoyen Allemand, présenté par le moins inconnu des Citoyens versificateurs !

Le Journaliste en ce moment était au Luxembourg, faisant des nouvelles de Constantinople et de Moscow, sous la cheminée d'un Membre du Directoire : le Prote de l'Imprimerie, littérateur condamné à l'oubli par des gouvernans qui ne le valaient pas, homme franc, et qui aimait à en rencontrer, cédant à une sympathie dont on voit sans cesse des exemples et qu'on ne définit jamais, se prit bientôt d'amitié pour Candide, quoique ce dernier ne se fût point nommé ; et tout en corrigeant ses épreuves, se permit de dire quelques anecdotes par rapport aux papiers publics, qui ne donnèrent pas à l'étranger une haute idée de l'indépendance de la plume Française sous le régime indépendant de la République.

Les fondateurs de la Révolution, dit l'estimable Typographe, ont je crois démérité d'elle en choisissant des Journalistes pour propagateurs de leur Evangile : en donnant la liberté de tout écrire sur l'ordre public à une Caste d'hommes mercenaires, qui tous les matins, pour quelques centimes, peuvent le troubler : la licence ne constitue pas plus la liberté, que la fièvre ne prouve la force : les Journalistes, pendant tout le période de notre démence révolutionnaire, ont fait autant de codes de Lois que les araignées, de leur séjour, font de toiles, sans s'accorder sur un seul point ; ils ont secoué en tout sens l'esprit humain, sans le faire marcher ; ils ont détrôné à l'envi tous les Rois du Monde, sans donner le plus léger point d'appui à la République.

Cette désorganisation de la faculté d'émettre sa pensée était d'autant plus absurde, que jamais la vérité ne sortait de cette manufacture de papiers publics : chaque Journaliste était aux gages d'une faction, qui régnait et qui rampait tour à tour :

lorsque le thermomètre de la faveur populaire était au plus haut point, le papier politique faisait la loi à ses rivaux ; lorsqu'il baissait, il la recevait d'eux : l'abjection de tous ces prétendus interprètes de l'opinion publique était tellement reconnue, que l'homme de bien, traduit par eux sur la scène, en était réduit à rougir, non de leurs satyres, mais de leurs éloges.

Les Journalistes, à cette époque désastreuse, étaient tous en guerre les uns contre les autres ; ils l'étaient aussi d'ordinaire avec la morale et le bon sens : et cette guerre de plume n'avait pas, comme celle de l'épée, son droit des gens ; on y empoisonnait la pensée avant de naître, on y assassinait son ennemi à genoux, on y calomniait jusqu'à la cendre froide des tombeaux.

Le Gouvernement alors ne s'endormait pas sur le parti que son machiavélisme pouvait tirer de ce magasin toujours renaissant de poison : le Ministre Roland a donné, dans les comptes de son Administration, le calcul des sommes avec lesquelles il soudoyait les papiers des Démagogues : Vaublanc, en 1797, a révélé à la Tribune du Corps Législatif, que l'État assignait un traitement annuel de vingt-un mille francs à un ami des Noirs, qui calomniait tous les matins, à Paris, les Colons infortunés de Saint-Domingue : pendant ce temps-là, le trésor public était à sec, les soldats de la Liberté combattaient tout nus, et l'homme de génie mourait de faim.

Le Droit public, par rapport aux papiers-nouvelles, a toujours été si fort à son berceau, pendant notre Révolution, que lors même que tous les bons esprits sollicitèrent leur réforme, le Pouvoir Exécutif aima mieux capituler avec la licence, que de l'anéantir : il fit plus, disent les Historiens du temps, il contre-mina l'opinion publique même, avec les papiers licencieux qu'il stipendiait; outre les feuilles de Louvet, de Lebois et du Prince de Hesse, qui étaient à ses ordres dans la Capitale, on l'accusait de pensionner le Courrier d'Italie à Milan, et le Morning-Chronicle à Londres : la haine, (je voudrais dire la calomnie,) a encore été plus loin; on a imprimé, quelques mois avant la journée de Fructidor, que le Directoire soudoyait jusqu'à des papiers contre-révolutionnaires, pour réchauffer l'esprit public, contre la masse toujours croissante des amis de la Royauté : mais, l'homme de bien doute de pareilles imputations, jusqu'à ce que la discussion devant les Magistrats la rende légale, et, quand la Loi a prononcé, il voudrait douter encore.

Il est certain au reste, qu'à cette époque de 1797, les Journaux du Gouvernement n'étaient pas ceux qui jouissaient d'une plus grande faveur : celui de Paris disait, avec une sorte de bonhommie, en Thermidor, que sur cent-cinquante papiers périodiques qui circulaient librement dans la Capitale, il y en avait cent-quarante-cinq qui n'interprétaient l'opinion publique que pour en être les perturbateurs. Cela voulait dire, qu'alors l'opinion publique s'était tellement prononcée sur l'essence de la vraie liberté de la Presse, que sur cent-cinquante Journaux il ne s'en trouvait que cinq qui se permissent encore d'être lâches et adulateurs.

Ne semblait-il pas naturel que lorsque cent-quarante-cinq trompettes de la renommée disaient que tout allait mal dans le meilleur des mondes, ceux qui le gouvernaient fissent un pas au-devant de l'opinion générale, pour se réconcilier avec elle ? Point du tout : ces Rois populaires du meilleur des mondes avaient une épée, ils s'en servirent pour avoir raison contre la France, et nous eûmes le dix-huit Fructidor.

Ce dix-huit Fructidor renversa du côté de l'esclavage le vaisseau de la République qui était penché du côté de la licence : il se vengea du demi-courage que les papiers politiques avaient déployé, en les mettant à mort. J'ai ici l'acte d'excommunication du Conseil des Cinq-Cents, daté du Théâtre de l'Odéon, qu'on me força d'imprimer : il est dit dans le *Considérant*, que *parmi les ennemis de la République et les complices de la conjuration Royale, les plus actifs et les plus dangereux sont les Journalistes* : le Monitoire législatif ajoute, que *pour prévenir la guerre civile, et l'effusion générale du sang, rien n'est plus instant que d'en purger le sol Français :* or, quand on vint à faire le dénombrement des coupables contre lesquels la bulle était fulminée, il se trouva que les *ennemis les plus actifs, comme les plus dangereux de la République*, sinon Française, du moins Directoriale, que *les complices d'une conjuration Royale* qui ne tendait à rien moins qu'à bouleverser l'Europe, étaient le *Thé*, l'*Argus*, l'*Echo*, l'*Eclair* et le *Miroir*. Voilà les Briarée et les Encelade qui faisaient trembler dans l'Olympe du Luxembourg les Jupiter de la Démagogie : mais, l'anathème n'en fut pas moins lancé contre quarante-deux Journalistes, qui avaient émis librement leur pensée sous la sauve-garde de la Loi ; le Décret enveloppait dans la même Sentence, les Propriétaires, les Directeurs, les Auteurs, les simples Rédacteurs : je m'étonnai qu'on eût oublié les Protes, les Compositeurs, et, ce qui était bien plus

contre-

contre-révolutionnaire, dans le sens des Fructidoriens, les Abonnés et les Lecteurs.

Quelque odieux que fût un pareil Arrêt de proscription, prononcé, non par un Tribunal, mais par des vainqueurs abjects sur un champ de bataille, personne n'osa réclamer : tous les prétendus conjurés qu'on put saisir allèrent mourir lentement sur les plages pestilentielles de la Guiane, et les Français abdiquèrent leur droit de penser. En vain, quelques sages, en petit nombre, représentèrent que le mode Fructidorien de sauver la Patrie, avait les mêmes élémens que celui du Gouvernement Révolutionnaire; chacun par inertie se condamna à répéter deux fois la même expérience : les fautes des pères ne corrigent jamais les enfans, et comme le dit Voltaire, Les hommes comme les lapins se laissent toujours prendre aux mêmes ouvertures.

La Saint Barthelemi des Journalistes, en 1797, porta à la liberté de la Presse un coup dont elle ne s'est jamais relevée :

B

dès que le Gouvernement s'apperçut qu'il pouvait régner sur l'opinion avec l'épée, il dédaigna de la régir doucement avec les lumières ; tous les Journaux eurent ordre d'être abjects ; et ils le furent : la plupart même, comme les Sénateurs de Tibère, fatiguèrent le Directoire de leur servitude.

Quelques hommes d'État ont depuis raisonné cette abjection : ils ont dit, Que pour concilier la voix publique avec la sûreté du Gouvernement, il fallait admettre des Journaux ; mais bornés à un petit nombre ; mais aux gages de ceux qui tiennent le timon de la chose publique ; mais tellement circonscrits dans l'enceinte la plus étroite, qu'ils ne pussent parler que de Spectacles Républicains, au milieu de la guerre ; et de la Loterie, au sein des suicides.

Voici le plan, tel que je le tiens de quelques hommes remuans, qui veulent détrôner le Directoire pour le remplacer : s'il s'exécutait jamais, l'homme libre n'aurait plus qu'à s'ensevelir dans le tombeau de la République.

On bornerait à douze le nombre des cent-cinquante papiers périodiques, qui inondaient la France, avant la conjuration de Fructidor ; des Membres marquans du Gouvernement en achèteraient la propriété, pour que rien ne circulât qu'avec leur cachet ; et les Rédacteurs soudoyés ne pourraient parler de la Politique, que dans l'esprit d'un Journal officiel indiqué, et en transcrivant littéralement ses paragraphes.

Mais il me semble qu'un pareil système remplirait mal les vues ambitieuses d'un Gouvernement qui voudrait l'adopter : du moment qu'on saurait qu'un Journal officiel est le régulateur de tous les autres, personne n'ajouterait foi même aux vérités que ceux-ci voudraient transmettre : la vérité, dans les temps orageux, ne s'accueille que quand elle est libre : on s'en défie, comme de la pureté de la lumière qui se réfracte en changeant de milieu, quand elle passe par le canal d'un Gouvernement.

Alors, les peuples ne croient plus à la

moralité d'un pouvoir, qui corrompt ou anéantit les sources de l'histoire.

Alors, on prête des vues perverses à toute amélioration du régime intérieur : on n'ajoute aucune foi aux triomphes militaires, à la rapidité des conquêtes, à l'importance des victoires.

Alors, les hommes qu'on enchaîne en les appelant libres, ne pouvant plus voir la lumière que par les petites ouvertures de leur prison, s'isolent de tout intérêt public, sourient au mot de Patrie, et n'occupent leur existence égoïste que du soin de ne pas mourir.

C'est un grand mal que cette insouciance des peuples, pour la marche d'une machine politique dont on leur cache tous les rouages : car, l'esprit public une fois perdu, la masse d'une Nation ne croit plus à la possibilité du bien, et le Gouvernement ne peut plus le faire.

Il me semble que tous ces inconvéniens cesseraient, si les hommes qui se croient le talent de gouverner, par la seule raison qu'ils gouvernent, descendant un moment dans l'intérieur de leur conscience politique, accordaient une liberté sage à ces mêmes papiers publics, destinés dans le principe à lier une correspondance d'amour et de paix entre les enfans et le père de la grande famille.

Cette liberté sage s'établirait au moyen de quelques règlemens d'une police tutélaire, organisée pour prévenir les délits plutôt que pour les punir.

Tout papier public chez un Peuple libre, doit avoir cours, sans être stipendié par une faction, ou contrarié par elle, et sans avoir l'attache du Gouvernement.

La raison publique ne doit surveiller ces papiers, que pour empêcher leur licence, ou prévenir leur esclavage.

On empêche la licence en forçant les Rédacteurs à ne publier que les faits avérés, et sur-tout sans la plus légère réflexion ; en exigeant d'eux qu'ils envoient aux Administrateurs, le manuscrit qui inculpe leur Administration, vingt-quatre heures avant de le mettre sous presse ; en leur faisant consigner chez un homme public la minute de toutes leurs feuilles, signée de leur main, pour donner une garantie à leur responsabilité devant la Loi.

On prévient l'esclavage des papiers publics, en déclarant leur acquisition en propriété, leur rédaction, ou simplement l'influence directe sur l'esprit qui les dirige, incompatibles avec toute place quelconque d'Administration. Il est de la plus haute sagesse qu'un homme qui gouverne ne façonne pas l'opinion publique sur les opérations du Gouvernement : il est de la plus saine politique, qu'on force l'ambitieux qui veut régner à la fois sur les hommes et sur les livres, d'opter entre les deux couronnes ; et dans l'hypothèse où il tenterait, malgré la Loi, de les réunir, de lui ôter à la fois et son Journal, et sa place de Gouvernement.

Les délits de licence, comme ceux d'esclavage, doivent être jugés, non par des mandats de Police, qui confisquent les livres, non par des lettres-de-cachet qui envoient leurs Auteurs dans des Bastilles Républicaines, mais par les Tribunaux ordinaires, qui appelleront, pour éclairer leur conscience, un Jury d'hommes de Lettres, choisis par le sort, et devant lequel l'affaire sera publiquement discutée; les causes de ce genre sont presque toutes Nationales, et en éloigner le regard de la Nation, c'est attenter à sa Souveraineté.

Le Prote estimable du *Citoyen Français*, entraîné par son éloquence naturelle, s'était plus occupé en improvisant ainsi de la chose publique, que de l'intérêt individuel de ses deux auditeurs: revenu à lui-même, il chercha des yeux le petit versificateur, pour lire dans ses yeux s'il avait son suffrage; mais celui-ci qui ne voyait le génie que dans l'art d'accoupler des rimes, était alors accoudé sur un marbre d'Imprimerie, écrivant avec extase le nom du savant Éditeur d'Aristophane, Frédéric Brunck, en regard de celui du Baron de Tunder-ten-Trunck : Le plus difficile est trouvé, s'écrie-t-il alors en parlant à lui-même : voila une rime au héros de Candide, et mon Poëme est fait.

Pour Candide, tout entier à ce qu'il venait d'entendre, Sage vieillard, dit-il, un quart-d'heure de votre entretien m'a plus éclairé que vingt volumes de nos Publicistes Allemands : je vois bien que vous avez le génie de mon Instituteur quoique vous n'ayiez pas son optimisme ; permettez-moi de mettre ce génie à contribution : j'ai quelques bagatelles politiques à publier sur la liberté de penser, je transcrirai votre discours, et il formera le meilleur chapitre de mon ouvrage.

RENCONTRE DU SÉNATEUR MOLTO-
CURANTE DANS LE TEMPLE DE
LA RAISON.

CANDIDE avait laissé chez le *Citoyen Français* le petit versificateur, qui s'aimait, ainsi que le Narcisse de la Fontaine, sans avoir de rivaux ; et il l'avait laissé, dis-je, tout extasié de l'heureuse découverte des deux rimes de *Brunck* et de *Tunder-ten-Trunck*, et bâtissant d'après ces rimes, le plan d'un Poëme épique, en vingt-quatre chants, comme l'Iliade. Pour lui, appelé par son génie, moins à imaginer qu'à raisonner, il réfléchissait sur les idées lumineuses du Prote. Pourquoi, disait-il en lui-même, un homme qui sait si bien la langue de la Politique, est-il aux gages du *Citoyen Français ?* il me semble que si tout était bien coordonné dans le meilleur des États libres, ce Législateur de la pensée gouvernerait, dans la partie de l'instruction publique, tous les Citoyens Français, et que le proscripteur de la pensée ne serait qu'un Prote d'Imprimerie.

Le Westphalien, à qui il ne restait plus aucun des diamans qu'il avait recueillis au beau pays d'Eldorado, avait conformé ses désirs à son humble fortune, et logeait au quatrième étage, dans une petite rue ignorée, voisine du Panthéon : chaque quartier qu'il traversait lui paraissait étranger : ici, c'était un clocher isolé à qui on avait ôté son Église : la, c'était une Basilique religieuse changée en salle de spectacles : ce qui le blessait le plus était la mutilation des noms de rues, qui, en vertu sans doute des loix de l'harmonie, au lieu de s'appeler, comme du tems de Pascal et de Fénélon, rues Saint-Eloy, Saint-Jacques et Saint-Roch, se nommaient, depuis le nouveau régime, rue Eloy, rue Jacques, et rue Roch : Voilà des rues, disait-il, qui doivent être bien étonnées de perdre, par un simple mandat de Police, l'antique propriété de leur étymologie ; qu'auraient dit les Athéniens, qui ne se piquaient pas moins de justice que d'urbanité, si, sous prétexte de républicaniser leurs Edifices, un Démagogue était venu couper leurs noms par la moitié, appeler *Eon* et *Pylées* leur *Odéon* et leurs *Propylées* ? Assurément de telles mutilations auraient, dans la suite des âges, mis singulièrement à la torture l'érudition grammaticale des Saumaise et des Gronovius.

C'est au milieu de toutes ces réflexions étymologiques, que Candide se trouva, sans y penser, au parvis Notre-Dame.

Monté sur les degrés de la Basilique, il ne put s'empêcher de témoigner une sorte de saisissement, en voyant brisés en morceaux, non loin du portail, et privés des honneurs de la sépulture, les Isis et les Madônes, les Teutatès et les Saints, les Brennus et les Rois Français, qu'on avait jetés pêle-mêle du haut de leurs niches, comme pour les punir de n'avoir pas deviné, dans les âges barbares, l'avènement de la Liberté de 1792. Pendant qu'il contemple avec effroi les décombres amoncelés de ces statues à couronnes et à auréoles, un étranger s'approche avec intérêt : Je ne me trompe pas, s'écrie-t-il, c'est bien le héros de Voltaire et du docteur Ralph, c'est mon cher Candide, que j'ai vu a Venise, il y a près de quarante ans, dans la Bibliothèque de mon cousin Poco-Curante. Quoi, c'est vous, Seigneur Molto-Curante ! vous, l'homme le plus affairé de l'Italie, quand votre cousin ne regarde pas même la conquête de son pays, comme une affaire digne de l'occuper ! vous, qui vous inquiétez de tout quand votre parent ne se soucie de rien ! C'est moi-même, ajoute le Noble de Venise, en l'embrassant : mais, on nous écoute avec une curiosité qui m'inquiète, quittons ce péristile et entrons dans le Temple de la Raison.

Candide eut beaucoup de peine à faire entrer dans sa tête pourquoi la Raison, qui n'eut jamais de Culte, avait un Temple ; pourquoi ce Temple était précisément celui où l'on honora pendant un si grand nombre de siècles, la Vierge de Nazareth : le Sénateur Italien s'assit avec lui dans un comptoir, qui tenait la place d'un confessionnal ; et lui expliqua, comment il prit fantaisie un jour à des Sophistes, non moins abjects que féroces, de détrôner Dieu, et de faire disparaître de ses Temples tous les symboles de la Religion ; comment, après cette Loi de démence, que Paris reçut à genoux, on donna à l'Église Métropolitaine de la Capitale, le nom de Temple de la Raison ; comment ensuite on choisit pour représenter la Déesse de la Raison, une courtisane, qu'on promena avec pompe dans un char comme la Sainte Rosalie de Palerme, et qui par ses cyniques orgies, donna une juste idée de la raison de ses adorateurs : ce tableau fit alternativement sourire et gémir l'élève de Pangloss : Si c'est-là, dit-il, ce qu'on appelle la Liberté et la Raison, j'aime mieux raisonner comme mon valet Cacambo, et être libre un seul jour par semaine, comme les vassaux des Jésuites du Paraguay.

Cependant, il faut se consoler de tout, ajouta Molto-Curante ; les folies des Français ne sont pas de longue durée : quand ce n'est pas la sagesse qui survient, ce sont d'autres folies qui les remplacent. Savez-vous, mon cher Candide, comment Dieu fut vengé de son détrônement ? Un beau jour, il plut à Monsieur Robespierre, qui n'était pas toujours Citoyen, de faire mettre en lettres d'or sur la porte de toutes les Églises de la République, que *le Peuple Français reconnaissait l'existence de Dieu* ; et aussitôt le Peuple Français la reconnut : ce qui ne l'empêcha pas de laisser démolir la plupart des Eglises où on l'adorait, et, pour comble d'ingratitude, de laisser conduire Robespierre, le Grand Visir de l'Ordonnateur des mondes, à l'échafaud.

Ce n'est pas une des choses les moins étranges de la Révolution Française, dit Candide, que l'inscription en lettres d'or dont vous me parlez : il semblerait que Dieu a besoin, pour vivifier les mondes, que la fourmillière raisonnante qui habite Paris, reconnaisse sa Divinité : la banderolle religieuse semble moins, pour le Père de la

Nature, un brevet d'existence, qu'elle n'est pour les enfans, qui descendent à le reconnaître, un brevet de sottise.

Cependant, dit Molto-Curante, il y a une sorte de Raison à reconnaître ce qui est raisonnable.

Je ne crois point, répond Candide, que la Raison humaine puisse, par un jugement quelconque, supposer en problème l'Être générateur par excellence, sans lequel elle ne serait pas Raison.

Mais enfin, ajoute le Noble de Venise, la Raison Française admet une pareille reconnaissance.

Mais enfin, repart le Roturier de Westphalie, la Raison universelle la repousse.

Vous vous trompez tous deux dit une voix sonore qui partait de la porte entr'ouverte de la sacristie ; car il n'existe point de Raison.

L'Italien et l'Allemand, également surpris d'entendre nier la Raison, dans le Temple même de la Raison, s'approchent en silence. Un homme d'un âge mûr, et en costume de dignité Républicaine, se présente : Vous êtes étrangers, dit-il, et je n'ai pas entendu votre conversation sans intérêt : je vous estime infiniment tous les deux, mais je vroudrais vous guérir d'un préjugé : je préside ici à une petite cérémonie politique, destinée à faire disparaître les fantômes de la Religion ; et en attendant que le peuple se rassemble, je m'amuse à disputer, avec ce qu'on appelle un sage, sur le fantôme de la Raison : placez-vous dans ce vestibule, vous nous entendrez sans nous voir, et vous nous jugerez : l'adversaire avec lequel je vais me mesurer a une excellente armure : ne demandez ni son nom ni le mien. Adieu.

DIALOGUE

DIALOGUE ENTRE L'HOMME QUI RAISONNE ET L'HOMME QUI GOUVERNE.

[Il est bien évident qu'on a raisonné avec les hommes, avant de les gouverner ; car, sans la raison il n'y a point de gouvernement : voilà pourquoi, dans cet entretien, je désigne sous le nom d'A, l'interlocuteur qui fait usage de ses lumières ; et que je n'appelle que B, celui qui déploie sa puissance. J'aime à être juste, et à rétablir la hiérarchie naturelle des mots et des choses, à mesure que les Révolutions se plaisent à l'intervertir.]

B, ou l'Homme qui gouverne.

Voila donc votre République de Platon, votre rêverie d'homme de bien, enfermée à triples verroux dans la Bastille du Temple ; j'en suis vraiment fâché, car le Livre est bien fait : c'est un pamphlet qui m'a amusé un moment ; ce qui est assez rare pour moi, dans une Babylone comme la nôtre, où quand on veut gouverner avec fruit, on ne s'amuse guère.

A, ou l'Homme qui raisonne.

Je n'ai point cherché à m'amuser avec des hommes oisifs, mais à payer ma dette de Citoyen envers des Hommes d'État : mon but a été d'opérer le bien général avec ma logique ; et si j'ai obtenu d'autres succès, mon patriotisme est assez pur pour les désavouer.

B.

Vous avez donc la simplicité de croire que les Etats s'organisent avec la logique ?

A.

Oui, j'ai cette simplicité-là, et je m'en honore : il m'est resté une opinion assez avantageuse de la nature humaine, pour penser qu'avec de la logique dans la tête, et de la justice dans le cœur, on pourrait être quelque chose dans une République,

B.

Le contraire se rencontre en moi ; car je ne crois, avec les Philosophes de la Révolution, qu'à la logique de la force, et à la justice de la nécessité : je n'en prends pas moins beaucoup d'intérêt à votre théorie d'optimisme, qui ne peut manquer de faire du bruit, parce qu'elle est bien écrite.

A.

Je vous ai déjà dit qu'un Livre de ce genre, qui ne serait que bien écrit, serait un ouvrage manqué : heureusement, le succès dont on l'honore repose sur une autre base : on a l'indulgence de penser, que ce Mémoire offre une dialectique à toute épreuve, et que, puisqu'il réussit auprès des gens de bien, c'est qu'il a raison.

B.

Eh ! pourquoi tenter d'avoir raison contre l'homme qui gouverne ?

A.

C'est la morale qui me l'ordonne.

B.

La morale est une fable convenue, qui sert à consoler le faible des triomphes du fort.

A.

Il est si flatteur de se montrer l'interprète de l'opinion publique !

B.

L'opinion publique ! c'est nous qui la faisons : voyez par combien de métamorphoses elle a passé en France, depuis ses dix ans de Révolution.

A.

Vous m'attristez, terrible Homme d'Etat.

B.

Vous me faites rire, mon cher Philosophe.

À quoi vous ont donc servi vos quarante ans d'expérience des hommes ?

A.

J'ai eu la bonhommie de croire que c'était à les ramener aux principes ; à démontrer aux Tyrans, qui font des sophismes, que l'oppression est une erreur, avant d'être un crime ; et que, malgré les syllogismes de la politique révolutionnaire, il y a de l'ineptie aux Agens du pouvoir, à tenter d'être heureux par le malheur des hommes.

B.

Eh ! quand vous démontreriez toutes ces belles choses dans des Livres, que le vulgaire admire, et que l'homme d'Etat ne lit pas, qu'en résulterait-il pour la cause que vous défendez ? C'est dans le cœur de l'homme puissant qu'il faut descendre, pour le combattre à armes égales : il faut mettre sa force aux prises avec son intérêt ; on obtient tout en subjuguant sa volonté : mais quand on se contente d'éclairer son entendement, on ne gagne rien.

A.

Mais, comment voulez-vous que je subjugue sa volonté, si je ne parle pas d'abord à son entendement ? Quelque perverse que soit cette volonté, il est évident qu'il y a quelque motif qui la détermine. Ce n'est pas l'aveugle fatalité qui a fait imaginer à Phalaris, le taureau d'Agrigente ; et à Néron, le vaisseau à ressorts qui protégea son parricide : laissez-moi donc parler à ce Néron, à ce Phalaris : laissez-moi mettre ma raison en présence de leur scélératesse ; et s'ils me présentent écrite en caractères de sang, une page de leur Livre de proscription, leur montrer sur le revers, l'arrêt de leur supplice.

B.

Vous attaquez toujours l'homme qui gouverne, avec une raison dont son épée se joue : encore une fois, on ne raisonne pas avec la force. Dites-moi, est-ce que si vous

vous trouviez sur un vaisseau entr'ouvert qui fait naufrage, vous essayeriez votre logique contre la tyrannie de la tempête ? est-ce que, placé au pied du Vésuve, vous vous permettriez des syllogismes contre le roc embrasé qui vous écrase ?

A.

Je conçois qu'il n'est pas aisé de ramener l'Homme d'Etat qui raisonne avec moi, pour prouver qu'il n'y a point de raison : dans un cas pareil, un sage de la Grèce voyant un sophiste nier le mouvement, ne lui répondit rien, mais se contenta de marcher. Permettez que je vous propose une expérience : oublions un moment que ma logique ne s'accommode point de votre système de la force, et que votre théorie de la force peut s'organiser sans ma logique : débarassons tous deux notre raison de ses lisieres, et laissons-la marcher.

B.

J'y consens, pourvu que vous ne vous

berciez pas du fol espoir de faire de moi un prosélyte.

A.

L'esprit de prosélytisme a fait, depuis dix ans, les crimes de la France, et les malheurs de l'Europe : fiez-vous à mon horreur pour cette branche de fanatisme, que je dénonce sans cesse ; vous sortirez de cet entretien, aussi libre que vous l'avez commencé.

B.

Maintenant vous pouvez laisser courir votre raison vagabonde ; la lumiere n'est pas dangereuse quand ses rayons sont divergens, mais quand ils se réunissent au même foyer.

A.

Croyez-vous à un état sauvage de nature, antérieur au monde civilisé ?

B.

Hobbes le dit : c'est un grand partisan de la théorie de la force : je le regarde comme le Newton de la politique, et je crois à son évangile, qui en vaut bien un autre.

A.

L'homme sauvage ne raisonnait pas, sans doute.

B.

Il ne faisait point de systêmes du moins : il ne voyait point un Dieu invisible : il ne s'amusait point à diriger les automates intelligens avec le fil de la morale : il vivait, sans songer au lendemain ; disputait sa proie sans férocité, tantôt aux hommes, tantôt aux bêtes féroces ; s'endormait sans amour sur le sein de son amie ; et il était heureux.

A.

Auriez-vous voulu être un de ces hommes de la nature ?

B.

Sans doute, si j'avais eu assez de force physique, pour me suffire à moi-même ;

si je m'étais conservé l'égal de tout homme qui aurait pu se faire Roi.

A.

Fort bien ; mais l'homme n'est pas toujours fort ; il a une période de croissance et une autre d'affaiblissement : Achille au berceau soulevait à peine les bijoux de Déidamie; Milon vieux ne put fendre l'arbre où le lion vint le dévorer : que deviendra alors le Roi de la Nature ?.

B.

Enfant, il sera protégé par la force de son père : vieux, il appellera la ruse au secours de sa faiblesse.

A.

Prenez garde à ces mots qui viennent de vous échapper : nos deux entendemens semblaient marcher en sens contraire ; et les voilà qui se rencontrent sans y penser, et sur-tout sans en faire l'aveu.

Vous dites que la force du père protégera l'enfant de la Nature : voilà une chaîne de devoirs, et par conséquent l'origine de la morale. Vous ajoutez que le vieillard trouvera dans la ruse l'appui de sa faiblesse : mais, la ruse n'est que le produit des combinaisons de l'intelligence ; ainsi nous voilà revenus au système élémentaire de la raison.

Si, laissant le système de Hobbes, qui mène par des fables à des ruines, vous en venez à la théorie patriarchale, c'est-à-dire, à l'organisation du Gouvernement social par celui du père de famille, la série de mes principes a encore plus d'évidence : car alors on ne connaît aucune époque dans les âges primitifs où le sentiment intérieur n'ait développé la morale, et où l'entendement, fruit de l'expérience, n'ait appris à raisonner ses devoirs.

La morale, la raison, voilà les deux grandes clefs de la Nature : avec elles on ouvre toutes les portes de la politique ; on n'organise ni des Constitutions avec des pièces de rapport, ni des Paix intérieures avec des Loix de circonstances : la propriété du jour devient celle du lendemain ; et tous les monumens qu'on érige pour l'ordre social, sont bâtis pour l'éternité.

B.

Il y a quelque chose de vrai dans votre sermon philosophique, quoiqu'on ne s'attende guère aujourd'hui à voir un Philosophe dans la chaire d'un Prédicateur.

Je soupçonne qu'en effet, à l'origine des Empires, il fallut raisonner, quoique grossiérement, les bases d'une espèce de pacte social : sans cela, l'homme primitif qui pouvait avoir du fer, et qui du moins avait des bras, n'aurait pas plié sous le joug des Loix ; et maître de faire valoir tous les droits de la Nature, il ne se serait pas constitué lui-même en minorité.

Mais il n'est rien moins que démontré que la raison soit obligée de conserver l'ouvrage qu'elle créa. Le monde social est une espèce de tour de Babel, bâtie d'abord d'après un plan primordial : à mesure que l'édifice s'est élevé, on a modifié, changé, dénaturé ce plan ; le second étage n'a point eu la distribution intérieure du premier ; le troisième a offert encore moins de rapport avec celui sur lequel il était assis : au milieu de cette confusion, chacun s'agite, sans tendance à un but général ; on parle de tout côté sans s'entendre : et cependant tout s'annonce avec une régularité apparente, jusqu'à ce que la foudre des Révolutions vienne faire écrouler la tour, et consumer les Architectes.

A.

Votre idée de la tour de Babel est ingénieuse, mais n'est que cela : jamais on ne me persuadera qu'on critique le plan de sa demeure, qu'on le modifie, qu'on le dénature même, sans le remplacer ; la destruction se raisonne comme la sagesse : suis-je mal au premier étage de l'édifice social ? je me place au second, mais d'après une combinaison quelconque ; car, si je ne faisais qu'accumuler des ruines, je ne saurais où reposer ma tête.

Vous avouez que la raison a dû présider à l'organisation sociale : mais pourquoi sera-t-elle muette, quand il s'agit d'en maintenir l'excellence ? L'art de conserver est-il autre chose que la prolongation de celui de créer ? Or, la raison humaine, du moment qu'elle crée quelque chose, conserve ou perfectionne sans cesse son ouvrage : il n'y a point pour elle de septième jour, comme pour le Jehovah des Hébreux ; et une fois exerçant son activité, elle ne se repose jamais.

L'édifice social ne devient la tour de Babel, que lorsqu'un Gouvernement a la faiblesse de craindre les lumières, ou la perversité de les étouffer : alors les hommes qui y sont renfermés, n'ayant plus ni unité de principes, ni unité de moyens, il n'est pas étonnant qu'ils parlent sans s'entendre : alors la confusion des langues se manifeste, et la tour s'écroule, sous les coups redoublés des foudres de l'Anarchie.

B.

L'homme d'État n'a pas besoin de votre raison, pour conserver les débris de ce que vous appelez le pacte social : il maintient toutes les organisations par le seul motif qu'il est fort : s'il rencontre quelques nœuds gordiens, qu'il ne puisse délier, il les tranche avec son épée ; et quand il réussit, il devient Alexandre.

A.

L'épée est un instrument de guerre, qu'on ne déploie jamais impunément en tems de paix : elle défigure tout, et ne conserve rien : elle mutile à la fois la main qui s'en sert et le sein qu'elle frappe. L'ordre social n'a été institué que pour rendre inutile le droit terrible de l'épée ; et quand au lieu de gouverner avec le sceptre, on gouverne avec cette épée, on se met soi-même hors de l'ordre social.

B.

Il faut donc vous dire le mot sacramentel,

puisqu'il échappe à votre intelligence. Si votre raison humaine répugne tant à la saine politique, quand il s'agit de maintenir l'harmonie dans les Empires, c'est qu'il n'existe aucun type primitif pour la reconnaître : la raison de Diagoras consistait à nier Dieu; et celle de Newton, à l'admettre : la raison fait les bonnes Loix et les abroge ; elle conduit l'un à l'échafaud, et l'autre à l'apothéose.

A.

Votre erreur vient de ce que vous avez toujours sous les yeux tel ou tel individu, qui use ou abuse de la liberté de penser, et jamais la pensée originelle en elle-même : mais laissez-là les hommes pour consulter l'homme, et tous les nuages que vous entassez autour de la vérité vont disparaître.

Ce n'est pas la raison primordiale ou le moi humain dans son principe, qui a engagé Dracon et Robespierre à écrire leurs Loix avec du sang : ce n'est point elle qui a introduit les Ilotes dans le Gouvernement Républicain

Républicain de Lycurgue, ou qui a changé tous les Français en Ilotes sous les deux Anarchies Fructidorienne et Décemvirale : la raison originelle ne veut que la paix, ne marche qu'avec la morale qui conserve : du moment que l'on fait des calculs philosophiques pour jeter la guerre au milieu de la politique ; du moment qu'on raisonne le cynisme des mœurs et la destruction, soyez persuadé que la raison de l'homme n'est pas là, mais seulement celle de quelques hommes, qui se couvrent d'un masque pour voiler leur perfidie, qui osent parler une langue sainte pour la rabaisser au niveau de leur perversité.

En un mot, il y a une raison adultérine dont le désordre forme l'essence, et les contradictions, l'élement ; il faut la regarder comme la peste du corps politique : il en est une autre aussi immuable que la morale éternelle dont elle émane ; celle-là, toujours amie de l'homme, vivifie les États neufs et désorganise les mauvais Gouvernemens.

B.

Toutes les raisons humaines parlent la même langue : dans l'impossibilité de distinguer la véritable, de celles qui ne sont qu'adultérines, l'homme d'Etat, quand il veut sauver la chose publique, les proscrit toutes ; c'est Boërhaave ou Sydenham, qui, dans une épidémie, font entourer d'un cordon de troupes, une ville entière : il ne faut pas, dès que le péril est éminent, perdre son tems à sauver une morale pure, quand il s'en présente quarante de perverses, pour propager la contagion.

A.

Je croyais que l'homme d'Etat n'était placé au gouvernail que pour séparer ce mélange, pour distinguer la raison qui guérit de celles qui empoisonnent ; car enfin, on ne peut pas décomposer le moi humain, faire abstraction de la partie intelligente d'un peuple, pour ne s'occuper que de sa partie matériellement servile : si vous proscrivez toutes les raisons, comment ce peuple entendra-t-il la vôtre ? et si vous ne raisonnez pas votre pouvoir, comme il raisonne son obéissance, quelle sera la garantie de votre Gouvernement ?

B.

J'ai un levier plus sûr qu'une raison versatile, pour remuer à mon gré les Empires, pour me rendre maître de toutes les destinées ; c'est une force militaire que la Loi me donne et dont mon génie dispose : il me suffit de raisonner cette force, alors les contradictions s'effacent, l'harmonie renaît, et mon pouvoir est garanti : que m'importent au fond toutes les raisons qui obéissent, quand celle qui commande est dans toute sa vigueur ? Je contraindrai l'Etat que je gouverne, à ne pas franchir la ligne de l'ordre que je lui trace, et à la longue il me bénira : je raisonnerai avec mon épée, et il sera heureux.

A.

C'est à ce dernier sophisme que je vous

attendais : car, je crois que vous les avez épuisés tous, tantôt pour me séduire, tantôt pour me foudroyer.

Peu vous importent, dites-vous, les raisons de l'obéissance, quand la raison de la force peut se déployer : et moi je vous dis, au nom de l'Histoire, au nom des siècles qui se sont écoulés, au nom du genre humain, que les raisons individuelles des hommes qui obéissent, doivent vous importer beaucoup ; car, ce sont ces raisons réunies, qui constituent la volonté souveraine, c'est-à-dire, la force légitime ; et vous ne pouvez vous déclarer en guerre avec elle, sans mettre vous-même à mort votre Gouvernement.

Vous vous flattez de raisonner avec votre épée ! Insensé ! vous ne voyez pas que si vous raisonniez un moment, vous jetteriez votre épée loin de vous.

Vous raisonnerez avec votre épée ! et vous n'observez pas que c'est précisément parce que votre raison est armée que les peuples s'en défient. La raison a été donnée à l'Être intelligent pour persuader : si elle se présente avec une armure guerrière, elle fait peur ; c'est Minerve, qui se couvre de la dépouille de Méduse : on s'approche, séduit par la voix enchanteresse de la Divinité, et la vue de la Gorgone pétrifie.

Vous raisonnerez avec votre épée ! et au moment même qu'elle sortira du fourreau, il s'en présentera cinquante ennemies, qui seront dirigées contre votre sein : ces épées ennemies raisonneront mieux sans doute que votre épée tutélaire, si leur pointe est plus acérée, si au lieu de diviser leurs coups, elles les réunissent, et sur-tout si elles remportent la victoire.

Tout homme qui raisonne avec l'épée, fait un mauvais raisonnement : car, il ne prévoit pas que tôt ou tard il périra avec l'épée, et que les prémisses dont il s'énorgueillit, renferment dans l'exactitude de la logique cette fatale conséquence.

Eh! laissons-là cette épée qui n'a aucun point de contact avec l'intelligence humaine qu'on se propose de subjuguer, et tâchons, s'il est possible, de ne raisonner qu'avec la raison.

Or, cette raison dit qu'il est de l'intérêt de tous les membres de la grande famille sociale, de ne parler entre eux que la langue qu'elle a établie ; parce qu'elle est la seule qui se plie à tous les besoins, la seule qui éclaire sur tous les genres de bonheur, la seule que, d'un pôle à l'autre, on apprenne sans Grammaire.

Cette raison dit que tout Législateur qui n'est pas son interprète se constitue en état de délire ; que tout Conseil d'État, qui ne marche pas de concert avec elle, ne peut faire que des faux-pas ; que tout Représentant du Souverain, qui se joue de ses oracles, conspire contre la Souveraineté.

La raison, quelque horreur qu'on porte aux Couronnes, semble la Reine, et la

Reine légitime de l'Univers ; c'est la seule puissance du Globe, dont le Despotisme, tout absolu qu'il est, ne pèse sur personne; c'est la seule, aux pieds de laquelle on se prosterne sans s'avilir, et qu'on ne puisse tenter de détrôner, sans prendre son ame et son visage.

B.

Vous raisonnez à merveille, mon cher Philosophe, pour un homme de Cabinet, qui croit voir la postérité devant lui : quant à moi, qui n'aspire qu'à la gloire d'être cité, d'être craint, d'être béni par mes contemporains, vous me permettrez d'organiser autrement la chaîne de mes droits et celle de mes devoirs.

A.

Quoi, l'avenir n'est rien pour vous !

B.

Depuis dix ans on me fait peur de cet avenir sinistre ; et je n'ai jamais vu qu'un présent qui souriait à mon imagination, et dont mon génie osait disposer : si je calcule bien les chances des événemens, si ma politique est heureuse dans son audace, il n'y a d'avenir pour moi que quand je ne serai plus ; c'est-à-dire, quand la vengeance de l'histoire ne saurait m'atteindre, que dans ce néant orgueilleux qu'on appelle la mémoire.

A.

Homme aveugle, l'avenir est sans cesse à vos côtés : c'est lui qui empoisonne vos jouissances odieuses ; c'est lui qui, quand vous raisonnez avec votre épée, la fait étinceler comme celle de Damoclès sur votre tête ; c'est lui qui vous empeche d'étouffer vos remords, et vous condamne, malgré votre athéisme, a la plus sinistre des immortalités.

B.

Voilà un mouvement oratoire, destiné peut-etre a faire de l'effet a la tribune et en présence d'une multitude de Législateurs; mais qui glisse sur une tête isolée et froide comme la mienne. Il n'est pas plus aisé, mon cher Philosophe, de me persuader que de me convaincre ; car a force de raisonner mon juste dédain pour l'espece humaine, je me suis fait une théorie à l'épreuve de l'éloquence comme de la logique, une théorie inattaquable, car elle repose sur une Loi antérieure à l'organisation des mondes, sur le dogme éternel de la fatalité.

A.

Je croyais m'entretenir avec un homme, je me suis trompé. Adieu : je vais raisonner avec des êtres libres.

B.

Et moi, je vais gouverner des automates.

DÉSASTRE D'UNE GRANDE BIBLIOTHÈQUE AU NOM DE LA LIBERTÉ DE LA PRESSE.

Molto-Curante dit à Candide, en sortant de la Sacristie : Voila un entretien qui ne sortira de long-tems de ma mémoire : il y a environ un demi-siècle, que je m'amuse à raisonner sur les élémens de la justice distributive, et je ne supposais jamais qu'il pouvait se trouver des Pyrrhoniens audacieux qui me soutiendraient que la raison est une abstraction métaphysique, et la justice distributive un fantôme : ce que je viens d'entendre me désabuse ; je soupçonne maintenant que les désastres de la France viennent en grande partie de ce qu'on a laissé introduire dans ses trente-deux Gouvernemens, de ces Politiques à hautes spéculations idéales, qui appellent à leur aide les hommes sans Dieu pour gouverner les Etats sans morale ; blasphèment les lumières qui ne les éclaireront jamais, et se persuadent que le chaos conserve tout, parce qu'il est dans leur intelligence.

Pour moi, répondait Candide, j'ai été plutôt désabusé que vous : le jour même où je débarquai dans Paris, un de mes compagnons de voyage, qui m'avait vu parcourir en route un petit pamphlet traduit de l'Allemand, contre la journée mémorable du dix-huit Fructidor, m'ayant dénoncé à la barrière comme plus suspect encore que mon livre, je fus traduit, avec toutes sortes de politesses, au Luxembourg : là un Athée de la secte dont vous me parlez, l'un des quatre mille hommes d'Etat, qui tenaient en ce moment le timon de la République, vint m'interroger : je n'eus pas de peine à lui faire comprendre qu'un Westphalien, qui venait en partie en tartane, en partie dans une messagerie publique, et plus souvent à pied, des bords de la Propontide, n'était pas un conspirateur bien dangereux pour des Rois populaires, aussi puissans que l'Avocat Goyer et le Général Moulins ; aussi la sérénité revint bientôt sur son front : mais comme je m'avisai de raisonner sur ce beau droit de la force, qui fait arrêter légalement à une barrière un étranger qui lit légalement une brochure, il se mit à disserter à perte de vue sur la force qui fait taire la raison, sur la nécessité qui amène la servitude, sur la fatalité qui la justifie : j'opposai des doutes timides à ses sophismes tranchans ; il était armé de toutes pièces, et moi je ne protégeais ma nudité qu'avec les armes simples de la nature. Je ne sais lequel triompha, car nous n'avions que des espions de police pour spectateurs ; et vous savez que dans les combats qui ne sont point à mort, aucun des Athlétes n'avoue sa défaite : mais il m'est resté en principe, que dans un pays démoralisé on a le droit de tout dire, quand on a celui de tout faire ; trop heureux encore, lorsque le Plébéien, qui a l'air d'être battu en se faisant l'Apôtre de la vérité et l'interprète de la raison, conserve la faculté de publier son dialogue dans quelque coin de journal oublié, tel que la Feuille Villageoise, le Citoyen François, ou la Décade.

Ce Monsieur B, disait Molto-Curante, est un grand Régénérateur des Etats libres : j'aurais bien voulu le voir Grand-Procurateur de Saint-Marc, lorsque Venise figurait encore dans l'Almanach Royal, comme République.

Ce Monsieur A, répondait Candide, est un fier raisonneur : j'aurais bien voulu le voir disputer avec le Docteur Pangloss, dans notre petit jardin de la Propontide.

Cependant les deux interlocuteurs, entraînés par le spectacle d'une foule d'objets étrangers destinés à captiver leur attention, n'avaient pu encore épancher leur ame sur ceux qui devaient leur être les plus chers. Candide, revenu un peu à lui-même, et ravi de pouvoir s'entretenir librement avec un noble émigré de la plus ancienne des Républiques de l'Europe, lui demanda avec empressement des anecdotes sur sa Ville natale, sur l'abrogation de ses Lois, sur la facilité de sa conquête. Depuis que je n'ai plus de Patrie, dit le Vénitien, j'ai oublié qu'un jour j'en fus membre; non que sa destinée ne soit bien faite pour absorber toutes les facultés de mon ame, mais depuis qu'elle a cessé d'être libre, toute pensée qui me ramène vers elle est pénible pour moi : je crains de m'interroger, et je voudrais appeler le Léthé sur mes souvenirs, comme on en a entouré son existence.

Ainsi je ne saurai rien, ajouta l'éleve de Pangloss, ni de la politique ombrageuse du Gouvernement de Venise; ni de la personne de son dernier Doge, qui épousa la mer Adriatique, avant de livrer la flotte aux Français; ni de son Carnaval, qui appelait les Rois détrônés au sein de ses lagunes.

Tout cela s'apprend dans les gazettes contemporaines, quand les Gouvernemens

n'ont pas quelque intérêt à les rendre in-
fidelles ; quand le journaliste de Francfort
ne tire pas du Cabinet de Vienne son
article *Venise* ; quand les nouvelles d'Italie,
pour être plus fraîches, n'arrivent pas en
droiture de la Salle d'audience du Directoire de Paris, pour circuler ensuite en
Europe.

Mais du moins vous me parlerez de tous
les personnages célèbres qui vivaient à
Venise, il y a quarante ans, quand je
vins y chercher la belle Cunégonde.

De tous ces personnages, que vos voyages
ont immortalisés, il ne reste plus que mon
cousin le Sénateur Poco-Curante, si fameux
par son insouciance et par sa Bibliothèque.

Ne vous trompez-vous point? Le Docteur
Ralph, mon historien, dit en propres termes
quand il le vit au Carnaval de 1759, qu'il
approchait de soixante ans ; ainsi il en
aurait aujourd'hui quatre-vingt-dix-neuf : il
y a quelque erreur ou dans son âge ou
dans notre chronologie.

Vous ne savez donc pas que Poco-Curante a fait imprimer à Venise le livre de son ami Cornaro, qui apprend à prolonger la vie au-delà du terme ordinaire de la nature ? D'ailleurs mon cousin a toute l'apathie philosophique de Fontenelle, et c'est le vrai moyen d'arriver presque sans vieillesse à l'age des centenaires.

Pourrai-je vous demander ce qu'est devenue la Bibliothèque de ce grand homme ?

Elle a essuyé, depuis votre visite, mon cher Candide, bien des vicissitudes ; je serais tenté de la regarder comme un tableau en petit de la grande République.

Un jour on dénonça mon cousin au Conseil des dix, parce qu'il possédait le *Squitinio della Liberta Veneta* : et à cause de cette satyre historique d'un Ambassadeur d'Espagne, on lui confisqua tous les livres qui composaient les rayons de l'histoire.

Montesquieu, peu d'années après, vint à

à Venise ; il fit présent à Poco-Curante de son Esprit des Lois, et le lendemain tous ses Livres de politique furent saisis par ordre du Gouvernement.

Les Français se présentèrent dans leur mémorable campagne de l'Italie, firent main basse sur la Jurisprudence, qui contrastait trop avec la nouvelle déclaration des droits, ainsi que sur la Théologie, qu'ils regardaient comme un foyer de déraison ; et ils remplacèrent ces ouvrages surannés, par un choix de douze mille volumes sur la Révolution Française, tous voués par la Propagande à l'immortalité.

A peine mon cousin avait-il rangé dans les cases vides ce choix précieux de douze mille volumes, que les hussards de l'Empereur en firent une justice militaire ; et sans égard aux grands noms des Anacharsis-Clootz, des Collot-d'Herbois et des Lanthenas, en chauffèrent les bains de Venise, comme les Arabes du Calife Omar avaient fait chauffer autrefois les leurs,

E

avec les manuscrits de la Bibliothèque d'Alexandrie. Les théâtres mêmes n'ont pas été épargnés ; car, à l'approche de l'Armée Française, la crainte de voir traiter de suspects les ouvrages dramatiques, à cause des titres de Marquis Italiens, de Barons Allemands, et de Rois anciens ou modernes, dont se décoraient les personnages au mépris de la sainte Egalité, engagea le propriétaire lui-même à les proscrire : il n'épargna que les Opéra-Buffa, et les Farces de Sbrigani, de Colombine et d'Arlequin.

Ce qui paraissait le plus étrange dans ces Saint Barthelemi de Livres, c'est que c'était toujours au nom de la liberté de la Presse qu'elles s'opéraient : quand le Messager des Inquisiteurs d'Etat se présenta chez mon cousin, lors de la première expédition, il ne manqua pas de lui dire que le Sage Conseil permettait de tout lire et de tout écrire, excepté les Livres d'Histoire qui, par leurs reflets, pouvaient rappeler le *Squitinio*, et mettre la République en danger : il répéta la même formule, quelques années après, quand à l'occasion de l'Esprit des Lois, il fit main basse sur la Politique des Platon, des Sidney, des Grotius et des Puffendorff.

Les Français, fiers de leurs trois Constitutions, qui leur garantissaient la liberté indéfinie de propager leur pensée, étaient loin de blesser cette liberté dans leurs manifestes : aussi ils n'entrèrent dans Venise que pour rendre à ses habitans ce beau privilége de la Nature, que voulait leur enlever un Sénat d'Aristocrates ; et si, dans la visite de la Bibliothèque de Poco-Curante, ils se permirent de faire des gargousses de canon avec les traités de Jurisprudence et de Théologie, c'est que sans doute ils ne voulaient qu'ôter de leurs rayons des Almanachs surannés, pour mettre à leur place les douze mille Livres classiques sur la Révolution.

Les hussards Allemands ont été plus tolérans encore : car, hormis les Livres Révolutionnaires qu'ils ne pouvaient respecter, parce qu'ils étaient en guerre avec eux ; ils n'ont touché à aucune division de la Bibliothèque : ils ont même dit à Poco-Curante, que s'ils se fussent trouvés à l'expédition Française, ils se seraient fait tuer sur les affuts de canon, plutôt que de souffrir qu'on mît entre la poudre et les boulets des livres de Théologie.

« Tout cela est au mieux, me disait un
» jour mon cousin : mais enfin cette liberté
» de la Presse, tant vantée, ne m'a pas trop
» servi jusqu'ici de sauve-garde. Tous les
» Gouvernemens, qui se disent amis des
» lumières, admettent le principe ; et tous
» l'enchaînent par tant de modifications,
» qu'il finit toujours par n'être rien : j'ai,
» depuis soixante ans, entendu dire que
» les Lois protégeaient l'inviolabilité de ma
» Bibliothèque ; et aujourd'hui les cinquante
» mille volumes qui la composaient, se ré-
» duisent à quelques Poëmes épiques, dont
» je me soucie peu ; à des Voyages, dont
» l'exactitude m'est suspecte ; et à des Ro-
» mans, que je ne lirai jamais.

» Comment la Presse est-elle libre, lors-
» que l'homme qui gouverne, dans les
» Monarchies, me déclare, l'épée à la main,
» que je serai traité de rebelle, si j'imprime
» quelque chose sans le bon-plaisir de ses
» Censeurs, sans la garantie de ses ukhases,
» ou de ses brevets de Chancellerie ?

» Comment la Presse est-elle libre, dans
» un Etat Républicain, lorsqu'on peut y
» imprimer tout impunément, excepté ce
» qui est utile à la chose publique ; lors-
» qu'on peut outrager Dieu et les mœurs,
» pourvu qu'on n'écrive rien contre la Po-
» litique du moment ; lorsque le *Diction-*
» *naire des Athées* s'affiche avec solemnité
» à côté des Actes du Souverain, et qu'un
» simple mandat de Police pourrait étouffer
» à leur naissance les *Délits et les Peines*,
» ou l'*Esprit des Lois* ?

» Si du moins il existait quelque chose
» de fixe dans les élémens de ces prohi-
» bitions de Livres ! mais où est la ligne
» de démarcation, entre ce que la Politique

» permet et ce qu'elle défend ? Cette Po-
» litique est-elle la même dans la Florence
» de Léopold et dans celle de Machiavel ?
» L'Helvétie, sous Rapinat, présente-t-elle
» les mêmes phases dans le mode de Gou-
» vernement, que la Suisse de Guillaume-
» Tell ? Pendant les dix ans de la Révo-
» lution Française, n'a-t-on pas été par les
» mêmes maximes, tantôt à la Dictature du
» Luxembourg, tantôt au désert de Sinna-
» mari, aujourd'hui à l'échafaud, et demain
» au Panthéon ?

» Je ne connais qu'un moyen de bien
» mériter des Empires, quand on est con-
» damné à gouverner des hommes qui pen-
» sent; c'est de se prononcer d'une manière
» absolue sur la propagation des lumières ;
» de dire franchement : Je proscris la Presse,
» ou je la protége ; tout sera permis à l'É-
» crivain qui se nomme, ou il sera défendu
» désormais de placer la vérité hors des
» écrits où la cherchait l'Abbé d'Olivet,
» c'est-à-dire dans les Almanachs. »

CANDIDE DEMANDE UN PRIVILÉGE POUR IMPRIMER LA VÉRITÉ.

Candide, dans son premier voyage en France, en 1759, n'avait pas eu prodigieusement à se louer de ses habitans : il était venu à Paris, et, comme tout le monde sait, un habitué de Saint-Eustache l'avait menacé, s'il venait à mourir, de ne pas l'enterrer en terre sainte ; un Abbé Périgourdin lui avait volé ses diamans ; et, ce qui était bien plus grave, une Marquise de Parolignac l'avait rendu infidelle à sa tendre Cunégonde. Cependant il aimait les Français : c'est, quoiqu'en dise la Révolution, le meilleur Peuple de l'Europe, quand on ne le met en guerre, ni avec ses voisins, ni avec lui-même : aussi soupire-t-il après la paix, comme tous les Candides du monde après le beau pays d'Eldorado : la paix est son élément, ainsi que le feu est celui de la Salamandre : donnez-lui la paix, et il deviendra bon en devenant heureux.

Candide revint à Paris quarante ans après : il y apporta les mêmes mœurs et y rencontra les mêmes contradictions. Son but était de faire imprimer la suite de ses voyages, depuis l'acquisition de sa petite métairie sur les bords de la Propontide ; et ces voyages, qui offraient sans cesse un homme du monde primitif en scène avec des hommes dégénérés du monde moderne, ne laissaient pas que d'offrir des contrastes piquans, quoique ce ne fut point un Voltaire qui en devînt l'Editeur. Mais l'amant de Cunégonde était sexagénaire ; son courage de Dom-Quichotte semblait un peu affaissé ; il voulait mourir tranquillement dans son lit, avec le produit de son dernier diamant d'Eldorado : aussi, à peine arrivé dans la Capitale de la République Française, il se présenta au Palais Directorial, un jour d'audience publique des Ambassadeurs, pour avoir un Privilége.

On était alors en Vendémiaire de l'an VIII, qui, par un rapport assez bizarre, répond à-la-fois aux mois de Septembre et d'Octobre de l'année 1799 : le hasard fit adresser Candide au Général Moulins, devenu depuis peu un des cinq Rois amovibles de la République : ce Général, aux premiers mots de l'humble harangue du Pétitionnaire, se mit à sourire avec dignité : Mon ami, lui dit-il, on imprime en France tout ce que l'on veut, pourvu qu'on ne conspire pas contre le Gouvernement ; la Presse est libre, et il n'y a que les esclaves couronnés qui donnent des Priviléges.

Candide sort de l'audience, ébloui de la gloire des cinq Monarques Républicains, dont il s'imaginait avoir recueilli lui-même quelques rayons ; et il n'eut rien de plus pressé que de porter son manuscrit à un Imprimeur, disant en lui-même : Enfin, j'ai trouvé le pays où l'homme de bien peut penser tout haut ; où l'on peut dire impunément, que les Nations n'appartiennent pas en propre à l'individu qui les gouverne ; que les assassinats glorieux en bataille rangée ne sont pas, dans l'ordre social, les premiers des exploits. Je n'ai point mal fait de quitter les bords de la Propontide, pour venir demander l'hospitalité à une Nation magnanime, chez qui on imprime la vérité, sans avoir besoin de Privilége.

Le voyageur ingénu va porter son manuscrit à Didot, le premier des Imprimeurs de l'Europe : celui-ci le parcourt et trouve quelques petites libertés philosophiques, sur le droit naturel, sur l'essence de la morale, sur le principe primordial de la propriété, et le rend à l'étranger, sous prétexte qu'un pareil ouvrage ferait saisir ses Presses. Mais je n'y vois que la vérité, dit Candide. Quelle vérité, répond le Typographe ? Est-ce celle qui est à l'ordre du jour, celle que le Gouvernement permet de propager ? Je ne connais pas deux espèces de vérités, repart l'amant de Cunégonde. Tant pis, Citoyen, reprend l'Imprimeur du Sénat; votre Livre, si je le publiais, vous conduirait en droiture à Sinnamari et moi à l'hôpital :

je ne l'imprimerai pas, dussiez-vous me le payer de tous les diamans avec lesquels vous avez racheté Cacambo, la Princesse de Palestrine et Cunégonde. Adieu.

Candide stupéfait, court à la Bibliothèque, persuadé que les Livres, avec leur autorité permanente, étaient meilleurs à consulter que les Imprimeurs avec leur autorité fugitive : il prend la Constitution Française de 1791, que la Nation, dans le tems, avait solemnellement, et sur-tout librement adoptée ; et il y trouva les deux dispositions suivantes :

« La libre communication des pensées et
» des opinions, est un des droits les plus
» précieux de l'homme : tout Citoyen peut
» donc parler, écrire, imprimer librement,
» sauf à répondre de l'abus de cette liberté,
» dans les cas déterminés par la Loi.
» *Déclarat. des Droits.* art. XI.

» La Constitution garantit à tout homme
» la liberté de parler, d'écrire, d'imprimer

» et de publier sa pensée, sans que les
» écrits puissent être soumis à aucune cen-
» sure ni inspection, avant leur publication.
» *Constit.* tit. Ier, art. 3. »

Fort bien, dit Candide, voilà une réponse péremptoire à faire à Didot : il est clair qu'il a la liberté d'imprimer mon Livre; et que moi seul, après sa publication, je réponds du mal qu'il peut produire devant la Loi. Alors il met son manuscrit sous son bras, et reprend le chemin des galeries du Louvre, où demeurait le célèbre Typographe : c'étoit la maison même d'où l'on avait arraché quelques années auparavant, Anisson-du-Perron, Directeur de l'Imprimerie Royale, pour l'assassiner au nom de la Liberté et des Droits de l'Homme, à la place de la Révolution.

Chemin faisant, il réfléchit que la Constitution d'où il a tiré sa réponse péremptoire a eu sa sanction le 24 Septembre 1791 ; que le marché qu'il veut proposer à Didot tomberait au 24 Septembre 1799 ; et que peut-être cet intervalle de huit ans a suffi pour faire mourir le Code demi-Royal, demi-Républicain, de vieillesse : alors il retourne sur ses pas, et prend conseil de la Constitution de Hérault-Séchelles, qui fut solemnellement décrétée le 24 Juin 1793. Quelle est sa joie quand il trouve, à l'art. VII de la Déclaration des Droits, ces précieuses paroles : *L'homme a le droit de manifester sa pensée et ses opinions, soit par l'usage de la Presse, soit de toute autre manière;* et la nécessité d'énoncer ce droit suppose ou la présence, ou le souvenir récent du *Despotisme.* Et à l'art. 122, cette phrase non moins énergique : *La Constitution garantit, à tout Citoyen Français, la liberté indéfinie de la Presse.* Me voilà tranquille, dit Candide : il faut que la liberté de penser soit vraiment une clef de toutes les législations, puisqu'elle est reconnue par la Constitution de 1793, qui a jugé à propos, dans sa sagesse, d'abjurer celle de 1791 : j'imprimerai ma vérité politique, et je l'imprimerai chez l'illustre Didot ; car, toute vérité qu'elle est, le Parisien étant blasé sur tout, elle a besoin de se montrer en beaux caractères, pour se faire lire.

Son soliloque durait encore, quand Molto-Curante se présenta devant lui. « Vous
» voulez, dit-il, donner à votre vérité qui
» voyage, les droits de Citoyenne Fran-
» çaise : je vous apporte la Loi et les
» Prophètes, c'est l'Acte Constitutionnel de
» 1795, décrété sous la présidence de
» Jean-Marie Chénier, le Poëte par excel-
» lence de la Révolution. Voici ce que dit
» cet Acte auguste, à l'art. 3, du tit. XIV :

» *Nul ne peut être empêché de dire,*
» *écrire, imprimer et publier sa pensée.*

» *Les écrits ne peuvent être soumis à*
» *aucune censure avant leur publication.*

» *Nul ne peut être responsable de ce*
» *qu'il a écrit ou publié, que dans les cas*
» *prévus par la Loi.*

» Je ne crois pas qu'il soit possible de

» garantir d'une manière plus solemnelle la
» liberté de la Presse, déjà proclamée par
» les deux Constitutions de 1791 et de 1793.
» Il y a aujourd'hui huit ans révolus, que
» la France, déchirée en sens contraire par
» les factions, les a vues toutes rendre le
» même hommage à ce Palladium des Etats
» libres. Imprimez, mon cher Optimiste,
» imprimez ; tout est au mieux dans ce
» meilleur des mondes, et vous n'avez pas
» besoin d'importuner le Directoire, pour
» demander un Privilége. »

Candide revint chez Didot avec son manuscrit et les trois Constitutions qui lui servaient de Privilége. « Citoyen, lui dit
» l'émule des Elzevirs, je connais tout aussi-
» bien que vous ces trois Codes politiques,
» puisque je les ai imprimés : mais cette
» garantie de la liberté de la Presse, que
» donne la Loi, en a besoin d'une autre,
» de celle de la Force. Souvenez-vous bien
» du mot despotiquement lumineux que
» vous a dit le Général Moulins : *On peut*
» *imprimer en France tout ce qu'on veut,*

» *pourvu qu'on ne conspire pas contre le*
» *Gouvernement.* La Loi permet bien à votre
» vérité de voyager ; mais pour peu que
» cette vérité contrarie le patriotisme factice
» d'un homme en place, celui-ci ne man-
» quera pas de dire qu'elle conspire : alors
» la puissance viendra interpréter la Décla-
» ration des Droits, et nous traîner vous
» et moi à la tour du Temple, ou à la
» Guiane, pour nous apprendre de ne
» jamais mettre en opposition la raison inerte
» qu'on appelle la Loi, avec la raison active
» qu'on nomme la Force : croyez - moi,
» portez votre manuscrit aux hommes d'Etat
» qui font et défont la Révolution Française ;
» faites-le parapher de leurs mains ; et pourvu
» qu'ils restent en place le tems que je puis
» consacrer à faire votre édition, je vous
» imprime sans demander de Privilége. »

Le conseil étoit bon ; et Candide né avec
un sens très-droit, le goûta. Son livre était
écrit avec cette supériorité de dialectique, qui
éclaire tous les préjugés, écarte toutes les
erreurs et éteint toutes les factions : c'était
un

un passe-port pour réunir tous les suffrages : d'ailleurs, une vérité qui voyage semble peu suspecte dans sa marche ; accoutumée à recevoir l'hospitalité de tout le monde, tout le monde l'accueille, et elle ne blesse personne.

Candide, d'après toutes ces considérations, plus Optimiste que jamais, va trouver un vieux Prince de l'Eglise, qui avait signé la Constitution Royale de 1791, et lui propose d'approuver son manuscrit, pour qu'il ait les honneurs des Presses de Didot. Le saint homme parcourt l'ouvrage de ses doigts bénits : il voit que la vérité errante s'arrête avec respect, dans Vienne, au pied du Trône de Léopold, et s'incline dans Rome devant le successeur vénérable de Saint Pierre ; édifié alors d'un pareil hommage rendu à des principes depuis long-temps abrogés, il parafe cette partie du manuscrit : elle renfermait les deux voyages de l'Allemagne et de l'Italie, et formait un tiers des Mémoires.

Candide ne pouvait avec décence insister sur l'approbation du reste, parce que le livre était écrit avec la même franchise cynique, que Voltaire avait adoptée dans l'édition de 1760. La vérité, disait-il en lui-même, a bien le droit de voyager aussi nue que la Philosophie la représente, pour montrer qu'elle est sortie sans défauts des mains de la nature ; mais cette nudité offenserait les yeux chastes d'un Prince de l'Eglise, et quand on demande des faveurs, il ne faut offenser personne.

Le sexagénaire ingénu, au sortir de l'audience du Prélat, se rendit chez un Général de la Révolution, grand athée et chaud patriote, chez qui il avait dîné, quelques jours auparavant, avec Molto-Curante. La partie du manuscrit qu'il présenta au nouveau Censeur renfermait l'histoire des amours, ou plutôt des viols de Cunégonde, depuis qu'elle fut laissée à Buenos-Ayres, entre les mains de son Excellence Monseigneur Dom Fernando d'Ibaraa, y Figueroa, y Mascarenhes, y Lampourdos, y Souza, jusqu'à ce que la fatalité la conduisit à jouer le rôle antique de la Princesse de Nausicaa, en blanchissant de ses mains d'albâtre le linge d'un Hospodar, sur les bords de la Propontide : Excellent ! admirable ! dit le Général, qui, de toute la littérature Française, ne connaissait guères que le Système de la Nature, et les Romans du fils de Crébillon. Je n'ai jamais rien vu de si frais que de pareils tableaux ; c'est la manière de Voltaire et sa manière embellie : je n'ai pas le tems en ce moment de lire en entier ces folies charmantes, mais je les approuve ; voilà mon nom et ma parafe.

En rendant le manuscrit, il prit envie au Général de jeter un coup-d'œil sur la première partie qui portait l'empreinte sacrée de la plume d'un successeur des Apôtres : Eh quoi ! mon cher Candide, dit-il, vous avez voyagé quarante ans, et vous croyez en Dieu ? et il feuilletait le livre avec une sorte d'inquiétude qu'il déguisait à peine. Arrivé à l'éloge de Pie VI, il s'étonne qu'on dise du bien d'un Pape, dont la Monarchie ne pèse plus sur le monde : Savez-vous, ajoute-t-il, qu'avec cette malheureuse philantropie, dont vous faites gloire, on vous accusera de conspirer contre le Gouvernement Français : croire en Dieu et faire l'éloge de son Vicaire en Europe, lorsque nous avons détrôné l'un et l'autre, voilà bien le langage d'un voyageur qui vient des Terres Australes ! Croyez-moi, supprimez ces vingt premières feuilles, que d'ailleurs l'approbation d'un Evêque déshonore, et tenez-vous-en au récit précieux des amours de Cunégonde ; votre livre alors ira aux nues, et le Journal du Prince de Hesse vous en fera vendre dix mille exemplaires.

Deux hommes puissans venaient de donner leur suffrage aux deux premières parties du manuscrit de Candide : il restait un autre tiers, et c'était celui qui donnait le plus de sollicitude ; car il s'agissait du voyage de la vérité en France à l'époque de sa mémorable Révolution : cette vérité ne parlait pas le langage des partis dominans, mais le sien : elle disait tout ce que la raison avoit imaginé pour nous rendre libres, et tout ce que les hommes avaient fait pour nous amener à être esclaves : nos grands hommes y paraissaient avec leur taille naturellement colossale, et les nains des factions avec leurs ridicules échasses. Une pareille manière de voir pouvait être du goût du Sage; mais se flatterait-on d'en trouver beaucoup, lorsque toutes les passions publiques sont encore en effervescence? A l'époque sur-tout, où Candide sollicitait un Privilége républicain pour se faire imprimer, il n'y avait que deux espèces d'hommes qui occupassent la scène, les affiliés des anciennes Sociétés Constitutionnelles qui demandaient des Lois agraires, au nom de Grachus Babœuf, et les Fructidoriens, qui continuaient à sauver la Patrie, avec des Conseils militaires, des déportations à la Guiane, et des banqueroutes: au milieu de tous ces gladiateurs qui occupaient les regards, s'il se glissait de tems en tems quelque homme de bien, il gémissait, et voilà tout; sa vertu silencieuse ne consistait qu'à savoir se faire oublier.

Cependant Candide, à force de chercher avec le microscope de la crédulité, l'homme dont il avait besoin pour parafer le reste de son manuscrit, rencontra dans le Conseil des Anciens un Sage, que tous les partis ménageaient, parce qu'il avait des lumières, et que ces lumières ne les avaient point encore dévoilés. Celui-ci accueillit notre Optimiste, et demanda à lire en entier ses Mémoires : au bout de vingt-quatre heures, l'ouvrage fut rendu à son Auteur, et l'homme de bien lui parla ainsi :

« La première partie de vos Mémoires,
» mon cher Candide, est pleine de sagesse ;
» mais cette sagesse n'est point à l'ordre du
» jour : je soupçonne que le Prélat qui l'a
» approuvé n'avait rien à perdre.

» Le morceau sur les amours de Cuné-
» gonde ne me semble digne ni de vous,
» ni des lecteurs d'élite dont l'estime vous
» est chère : j'aime à croire que l'homme,
» qui se surprendrait à sourire des ma-
» riages républicains du Proconsul Carrier,
» serait le seul qui lui donnerait son suffrage.

» Quant aux voyages de votre vérité en
» France, que j'ai lus avec le plus grand

» soin, comme avec le plus grand intérêt,
» il n'en est pas une ligne que je ne pa-
» rafasse avec mon sang ; mais ne me
» demandez pas un suffrage public, qui
» pourrait me nuire sans vous servir. Il
» est bien évident que vous conspirez contre
» les deux partis qui tour-à-tour se partagent
» ici la toute-puissance : ces deux partis,
» tout acharnés qu'ils sont l'un contre l'autre,
» se réunissent, quand il le faut, non contre
» le Royalisme auquel ils ne croient pas,
» mais contre la masse des gens de bien,
» dont le silence terrible les écrase. D'ail-
» leurs, le choix du personnage dominant
» dans vos Mémoires leur fait peur ; ils ne
» veulent point d'une vérité qui voyage :
» toutes les fois que des Gouvernemens sont
» conspirateurs, la vérité est toujours censée
» conspirer contre eux. Encore une fois, ne
» demandez pas à vos amis de devenir vos
» censeurs, et faites arriver la vérité en
» France incognito et sans Privilége. »

Candide s'en revint chez lui tout pensif :
Me voilà bien avancé, dit-il à Molto-Curante,

F 4

trois hommes en faveur approuvent chacun une partie différente de mon ouvrage et rejettent le reste : l'Evêque est enchanté de l'une, le Général de l'autre, le Sage du Corps Législatif, de la dernière ; mais le Général veut supprimer ce qui ravit l'Evêque, et le Sage ce qui fait les délices du Général : par une fatalité qui ne s'attache qu'à moi, il y a dans mon manuscrit de quoi faire trois conspirations, et de quoi obtenir trois Priviléges.

Le cas parut en effet assez bizarre au noble Vénitien de douze cents ans, devenu en vingt-quatre heures roturier. Si le Docteur Pangloss était ici, disait-il, il nous tirerait d'embarras : son *harmonie préétablie*, avec laquelle Leibnitz expliquait l'essence des choses, aiderait le Gouvernement Fructidorien à s'entendre lui-même : celui-ci aurait la paix intérieure, et nous, nous aurions notre Privilége : mais enfin ce grand homme est resté chez l'Hospodar de Transylvanie, avec la Princesse de Palestrine ; et ce qu'il déciderait avec de la métaphysique, nous sommes réduits à le chercher avec le simple bon sens, et les lumières peu brillantes de l'expérience.

Tout en cherchant un moyen de guérir l'incrédulité de Didot, sur la sûreté d'imprimer une livre utile, à l'ombre des Lois sur la liberté de la Presse, Candide et Molto-Curante passèrent devant la Basilique de Saint-Sulpice, devenue une salle de Carnaval de Venise, pour donner à diner au Conquérant de l'Egypte, aux Rois populaires du Luxembourg et aux Membres réunis du Corps Législatif. Tant mieux, dit Candide, que tout ce qu'il avait vu depuis quarante ans avait un peu aguerri aux sacriléges ; ce festin va réconcilier toutes les factions : le Démagogue ira se jeter dans les bras du Fructidorien, qui embrassera le Royaliste : tout le monde vivra en paix, et mon livre, ne conspirant plus, obtiendra un Privilége. Tant pis, dit le Sage du Conseil des Anciens, qui les écoutait du vestibule du Temple ; ce festin est celui que Néron donna à Britannicus ; on s'y embrasse pour s'étouffer : nous touchons à une Révolution nouvelle, attendez quelques jours, observez tout et n'imprimez rien.

Le Législateur des Anciens n'avait presque point mangé pendant le festin sinistre : un Sage dîne mal, quand il voit la Patrie en deuil assise à ses côtés. Il emmène Candide et Molto-Curante faire avec lui un second repas ; et au dessert, quand les *officieux*, c'est-à-dire les *gens* de l'ancien régime sont écartés : Mes amis, leur dit-il, le Héros qui préside à cette fête n'est pas celui des factions qui la donnent ; il a pénétré les motifs des hommes d'Etat qui cherchaient à le corrompre, et il tentera de sauver la Patrie pour elle et non pour eux : j'observe ce Génie extraordinaire dans la manière dont il se débarrasse des piéges qu'on lui tend, dans les mots de caractère qui lui échappent, et jusques dans son silence ; et je suis bien trompé, s'il ne devient pas un jour notre Timoléon. En attendant, croyez-moi, suivez le conseil que je vous ai donné au peristile de Saint-Sulpice ; renfermez vos Mémoires dans le porte-feuille, et ne laissez voyager votre vérité, que quand on pourra, sans danger de la vie, lui offrir l'hospitalité.

La fête de Saint-Sulpice avait été le point noir de la montagne de la Table, qui annonce la tempête aux Navigateurs du Cap de Bonne-Espérance ; ce point noir s'étendit peu-à-peu sur l'horizon de la France, et, vers le milieu de Brumaire, l'orage éclata avec la plus grande violence : des soldats furent amenés pour introduire l'ordre dans les tribunes des Législateurs, et une grande justice s'opéra, en partie à l'aide des décrets, et en partie à l'aide des baïonnettes.

Candide, toujours confiant, disait à Molto-Curante : Enfin, tout s'arrange à merveille dans le meilleur des Mondes : les combinaisons du mal sont amères dans leur germe, mais le fruit qui en résulte est doux : je sais que tous les fléaux de dix siècles de tyrannie ont été accumulés sur les dix ans de la Révolution Française; mais enfin il fallait bien qu'il y eût une mobilisation de la dette publique, une glacière d'Avignon, un Tribunal Révolutionnaire et une journée de Fructidor, pour que Bonaparte conquît l'Egypte, pour qu'il sauvât la Patrie avec une expédition de Saint-Cloud, et pour que j'eusse un Privilége.

Je ne crois pas beaucoup à cette fatalité d'Optimisme, répondait le Vénitien détrôné : il serait aussi trop désespérant pour la nature humaine, qu'il fallût passer par tous les écarts de la licence la plus effrénée, pour arriver à une sage liberté de la Presse ; que le Privilége d'un voyage ne pût se sceller qu'avec le sang d'un Lavoisier et d'un Malesherbes : mais chacun a son opinion, et il faut la laisser à tout homme qui ne s'en sert que pour disputer. Ne perdons pas de tems, mon cher Candide, votre ouvrage peut faire un grand bien à l'avénement d'un nouvel ordre de choses ; car c'est toujours avec les principes qu'on commence à régner : mettons-nous à cette table, rédigeons un Mémoire sur le droit de l'homme, libre de manifester à ses contemporains une pensée tutélaire ; et ce Mémoire, nous l'adresserons au nouveau Timoléon.

MÉMOIRE AU PREMIER CONSUL
DE LA RÉPUBLIQUE FRANÇAISE.

Candide, né en Westphalie, dans le Château du Baron de Tunder-ten-Trunck, mais retiré volontairement en France, où, grace à la Liberté, il n'y a plus ni Baron ni Château, met sous la sauve-garde du réparateur de tous les torts, du vengeur de toutes les injures, le manuscrit de ses voyages, que tout le monde veut lire, mais que personne ne veut imprimer.

Le motif qui lui attire les refus de tous les honnêtes Typographes de cette Capitale, c'est que la vérité l'accompagne dans les courses qu'il fait en Europe, comme la sagesse, sous le nom de Mentor, accompagnait Télémaque dans l'Odyssée de Fénélon : les Typographes, qui ont quelque chose à perdre, disent qu'il est trop dangereux de publier que la vérité voyage chez un Peuple libre, lorsque, depuis la chute du trône, c'est au nom de la Liberté et de la vérité, qu'on ferme toutes les bouches, qu'on enchaîne toutes les plumes, et qu'on déclare erreur conspiratrice toute vérité qui n'a pas le passe-port d'un de nos trente-deux Gouvernemens (*a*).

Il serait digne de l'homme extraordinaire, qui a conquis, à trente ans, toutes les renommées, et qui bientôt n'attachera de prix qu'à celle qui fait des heureux ; il serait digne, dis-je, d'accueillir ma vérité vaga-

---

(*a*) Un de nos hommes d'État, que l'État n'a pas jugé à propos d'appeler à son Conseil, a calculé dans un de ses loisirs philosophiques, que depuis l'avénement de la Révolution jusqu'à celui du régime Consulaire, il y avait eu trente-deux Cathéchismes politiques avoués par les Autorités constituées, ce qui suppose trente-deux Gouvernemens. (Cette note servira à justifier un mot qui semble un peu aventuré dans la Dédicace.)

bonde, et de la rendre heureuse ainsi, de son propre bonheur, et de celui d'une grande République.

Mais la cause d'un bâtard de Westphalie, qui n'est ni un Dunois, ni un Lowendal, n'est pas faite pour occuper les momens de celui qui pèse dans son entendement les destinées de l'Europe. Candide, plus désintéressé, va identifier cette cause individuelle, avec celles de tous les êtres raisonnables dont on enchaîne la raison au nom de la Liberté ; ou plutôt il s'oubliera, ainsi que l'Héroïne qu'il traîne à sa suite, pour plaider la cause des lumières devant un Héros qui n'aspire pas moins à être notre Périclès que notre Timoléon.

Depuis dix ans, toutes les Révolutions se sont faites en France, au nom de la liberté de la Presse : en 1790, le Peuple, à qui Mirabeau avait donné une partie de la Souveraineté, la demanda au Trône l'épée à la main, et l'obtint moins de sa justice que de sa faiblesse.

En 1792, le Trône demanda à son tour cette Liberté au Peuple devenu Roi, ne put l'obtenir, résista et fut renversé.

C'est avec la liberté de propager sa pensée, soit dans les rues de Paris, soit parmi les Sociétés Constitutionnelles, soit à la tribune du Corps Législatif, que tous les grands mouvemens révolutionnaires s'opérèrent en France, depuis la chute du Trône, jusqu'à celle du Décemvirat : la Gironde s'en servait pour éclairer les perturbateurs, les perturbateurs pour frapper la Gironde : on lui doit, pendant cette période terrible, l'action politique et la réaction, les erreurs et les grands traits de lumières, les crimes et la juste vengeance de l'Histoire.

Le mouvement de Thermidor amena une conquête plus légale de cette même liberté de la Presse : on commença à raisonner cette grande base des Gouvernemens ; on établit une espèce de ligne de démarcation, entre le droit d'émettre sa pensée et le pouvoir de la faire servir à incendier le Monde :
alors

alors la France respira un peu, et, après les désastres épouvantables qu'elle avait subis, se sentit assez magnanime pour aimer la République.

La Convention, de cette époque jusques vers la fin de son règne, ne dévia guères de cette ligne qu'elle s'était tracée : elle écrivit tout ce qu'elle voulut contre les hommes dont elle redoutait les principes ; on écrivit tout ce qu'on voulut contre elle, et tout marcha à l'ordinaire : les malheureux à demi-consolés, parce qu'ils avaient droit de le dire, perdirent un peu le sentiment de leur infortune, et la faction dominante, qui conservait le privilége d'opprimer, ne perdit pas un seul fragment de sa toute-puissance.

Le Directoire, à son avènement, maintint cette liberté de la Presse ; il s'en servit pour opérer un peu de bien général, et sur-tout pour faire le sien : on lui sut gré d'aller au-devant de l'opinion publique ; et déjà le nouveau Gouvernement, que tout le monde avait la liberté d'écraser, devenait une puissance, lorsque notre système de bonheur s'écroula par la journée de Fructidor.

Cette journée, une des plus désastreuses qui eût éclairé l'horizon de la République, se joua avec une ironie amère de la liberté de penser, qu'elle anéantit dans le fait en la protégeant dans le droit : il ne fut plus permis de ce moment d'invoquer la raison des Loix, contre la tyrannie des Loix : la Philosophie s'éteignit, la Littérature rampa; et on ne vit plus dans le Palais du Directoire que les Califes qui avaient détruit la Bibliothèque d'Alexandrie.

Lorsque les débris mal organisés des anciennes Sociétés Populaires, détrônèrent les Despotes de Fructidor, ils n'employèrent guères d'autres armes que celles de la liberté de la Presse; et vous-même, Général, vous n'avez pas dédaigné de la faire servir au triomphe de votre cause, lorsque, nouvel Hercule, vous entreprîtes de nettoyer, en vingt-quatre heures, les étables d'Augias : j'en appelle, à cet effet, aux discours énergiques que prononça votre frère à la Tribune, aux mots magnanimes qui échappèrent à votre indignation contre les tyrans de la pensée, et au courage de vos manifestes.

Oui, je ne le dissimulerai pas, la France, depuis dix ans, n'a été bouleversée que par la licence de la Presse, abandonnée exclusivement à quelques groupes de perturbateurs ; et la France ne se régénérera, que par la liberté générale de la Presse, qui comprimera en tout sens la licence des perturbateurs.

Cette liberté de la Presse, annoncée avec emphase à la tête de trois Constitutions, n'a presque jamais existé que pour la faction dominante : celle-ci donnait son symbole, l'étendait, le modifiait au gré de son caprice; mais tout homme, non affilié à la secte, qui osait penser d'après lui-même, écrire d'après la raison universelle, était traîné à la Guiane, ou périssait sur l'échafaud.

Si la Loi Constitutionnelle de la liberté de

la Presse, avait été respectée en 1792, dans tous les hommes qu'elle devait atteindre, croit-on que la France aurait déshonoré à jamais la cause de l'indépendance de l'homme, en envoyant son Roi au supplice ?

Si cette Loi avait protégé à la Convention la masse entière des êtres pensans, et non simplement quelques hordes de démagogues, qui maîtrisaient l'Assemblée Nationale tour-à-tour, croit-on que la guerre de la Vendée eût pris naissance ; que Lyon eût perdu ses Arts, ses Citoyens et ses Edifices ; que par un renversement absolu de Logique, on eût réuni légalement ensemble deux mots aussi contradictoires, que celui de *Révolutionnaire* et celui de *Gouvernement ?*

Si cette Loi avait couvert de son Egide, il y a trente mois, tous les hommes qui s'honoraient du titre de Français, croit-on qu'on aurait impunément abjuré la loyauté nationale en mobilisant la dette publique ; que des tables de proscription, signées au théâtre de l'Odéon, auraient déporté sur des plages pestilentielles, le patriotisme, le courage et les lumières ?

Il est donc démontré que sur-tout depuis 1791, la Presse a pu être licencieuse entre les mains des factions; mais qu'elle n'a presque jamais été libre dans celles de la masse des gens de bien.

Il n'y a qu'un moyen de tirer le remède du sein même du mal ; c'est d'étendre le privilége inhérent à l'homme d'énoncer sa pensée, de manière qu'en cessant d'être exclusif, il cesse d'être nuisible ; c'est de rendre la Presse si libre, qu'elle cesse d'être licencieuse.

Quelques hommes qui veulent penser seuls, sans doute pour n'avoir point de rivaux dans l'art de nuire, diront qu'il est un mode plus simple de prévenir les insurrections écrites contre le pouvoir ; c'est, non de circonscrire la liberté de la Presse, non de l'étendre indéfiniment, mais de l'anéantir.

Ce raisonnement émane du suprême Despotisme, et s'il m'est permis de dire toute vérité, ne mène qu'à une suprême extravagance.

Depuis qu'en 1450, il plut au Patricien de Mayence, Guttemberg, de faire servir les caractères mobiles de l'Art Typographique, à éterniser les fruits de la pensée, le monde politique s'est créé un nouveau mobile, et le monde moral un nouveau régulateur.

Il est certain que du moment qu'un homme a pu dire : Je dirai ma pensée toute entière, sur la tyrannie qui veut m'enchaîner ; je la dirai devant elle, je la dirai malgré elle, et je la dirai de manière à imprimer sur son front un opprobre indélébile ; il est certain, dis-je, que cet homme, quel qu'il soit, si on ne peut lui répondre, est une puissance.

Or, depuis la découverte mémorable de l'Imprimerie, tout homme, né avec un peu de génie et beaucoup de courage, a été cette puissance.

Et comme la pensée peut s'exercer sur le

fer, tandis que le fer ne peut atteindre la pensée, il s'ensuit que dès que cette pensée devient une puissance, l'homme qui ne sait gouverner qu'avec le fer, doit plier devant elle, ou s'exposer à être un jour renversé.

Depuis trois siècles et demi qu'on fait usage de l'invention de Guttemberg, les Souverains, ou leurs représentans, ne se sont pas dissimulé que la nouvelle puissance, quoique toute entière d'opinion, ne tendait à rien moins qu'à envahir le monde, et ils se sont coalisés pour rendre inutile sa tendance nécessaire à la Monarchie universelle.

Vaine conjuration des Rois amovibles ou héréditaires ! Les livres ne disparaissent pas aussi aisément que les hommes à la voix de la tyrannie : on les a comparés avec raison aux serpens de Cadmus ; rien n'égale l'activité de leurs principes de vie : frappez-les de votre sceptre d'airain, et de leurs dents ensevelies il naît une race de géans, qui exterminent leurs assassins, ou s'entre-tuent.

L'oppresseur de la pensée poursuit les lumières sur le sol où il domine, et elles se dérobent un moment à ses regards : quelque bien combiné que soit l'espionnage qu'on ordonne, la vertu tranquille le déjoue. Il ne faut pas croire que si le génie du mal déploie du talent, le génie du bien manque d'intelligence : les proscriptions de livres ne servent qu'à les faire rechercher : tout le monde veut savoir pourquoi Denys de Syracuse tremble au sein de la toute-puissance : on veut avoir soi-même sous les yeux les pièces du procès, et le jugement n'est pas douteux, quand il s'agit de prononcer entre le tyran et la victime.

Mais je veux bien supposer qu'un ouvrage écrit avec la verve de Juvenal, ou la franchise Romaine de Tacite, soit anéanti dans la contrée où il a pris naissance : le commerce qui fait de l'Europe entière une seule famille, ne l'a-t-il pas fait refluer chez des peuples plus amis des principes, ou moins ombrageux ? ne l'a-t-on pas traduit dans des langues étrangères ? A quoi ont servi alors les tables de proscriptions, que la tyrannie, non moins aveugle que cruelle, a fait dresser? L'ouvrage prohibé revient dans sa Patrie, fort de l'assentiment de tous les États qui ne sont pas oppresseurs, et il conspire en silence contre les Rois pervers et les mauvais Gouvernemens.

Tente-t-on de rendre l'Écrivain responsable des vérités courageuses que présente son ouvrage ? Les livres que personne n'avoue, se multiplient ; et cachés sous le rideau de l'anonyme, les Tacite et les Juvenal donnent à leur plume une énergie que leur prudence comprimait : on attaque avec la foudre le pouvoir malfaisant qu'on effleurait avec des épigrammes.

C'est sur-tout dans les États qui se disent libres, que la repression de la Presse offre plus de dangers aux hommes puissans qui se permettent de conjurer contre elle : sur vingt Révolutions qui se sont opérées en France, depuis le renversement de son Trône, il y en a dix-neuf qui ne semblent que l'effet d'une juste vengeance de la part des livres qu'une faction en faveur se permettait de proscrire. Mirabeau et Roland tentèrent d'anéantir tous les écrits imprégnés de Royalisme ; et ceux-ci, en dévoilant Roland et Mirabeau, forcèrent l'un au suicide, et arrachèrent la cendre de l'autre au Panthéon. Robespierre déclara perturbateurs les ouvrages de la Gironde; et les ouvrages de la Gironde amenèrent, quoique lentement, le supplice de Robespierre. Les Despotes de Fructidor sonnèrent des espèces de Vêpres Siciliennes contre les défenseurs de la liberté de la Presse; et le régime consulaire s'est armé de la liberté de la Presse, pour faire rentrer dans la fange les despotes de Fructidor. Toujours les hommes qui ont craint les lumières, ont fait servir le pouvoir à les anéantir; et toujours les lumières plus fortes ont démasqué leurs persécuteurs, ont amélioré ou anéanti le pouvoir.

Il ne faut pas un siècle de souveraineté à une puissance légitime, pour avoir droit à tous les hommages; or la Presse, la plus légitime des puissances, puisque née de la nature de l'homme, elle ne tend qu'à le conserver, compte déjà trois cents cinquante ans de Monarchie; et trois cents cinquante ans pour une Monarchie qui doit durer autant que le Monde, semblent le commencement d'une éternité. Je ne vois désormais d'autre mode de salut pour les Despotes que cette puissance menace, que de capituler avec elle, puisqu'ils ne sauraient l'exterminer.

La capitulation est toute simple quand on n'a pas juré sa propre ruine : elle consiste à répudier son despotisme, ou à le voiler avec tant d'adresse, qu'on soit tenté de pardonner l'hypocrisie en faveur de l'hommage qu'elle rend au génie et à la vertu.

Alexandre, le plus absolu des Despotes, sur-tout depuis le meurtre impuni de Clitus et de Parménion, capitulait avec les lumières, quand, poursuivi par la satyre, il dit ce mot mémorable que Plutarque nous a conservé : *C'est une chose très-Royale que d'entendre dire beaucoup de mal de soi, quand on fait beaucoup de bien.*

Tibère lui-même, le farouche Tibère, dont des épigrammes républicaines sapaient la toute-puissance, sembla capituler sur la brèche, lorsqu'il lui échappa ce mot digne de Trajan ou de Marc-Aurele : *Dans une ville libre, la langue et la pensée doivent l'être aussi.*

On capitulera avec la puissance des lumières, quand on proclamera la Presse libre pour les choses, à condition qu'elle sera circonspecte pour les personnes.

On capitulera, quand on ne contrariera dans sa publicité aucun livre, qui dénonce les erreurs ou les crimes, pourvu que l'Auteur, en signant son écrit, offre, en cas de calomnie, une responsabilité devant la Loi.

On capitulera enfin, quand on ne donnera pas à la satyre politique même, plus d'importance qu'elle ne mérite ; quand on punira l'Auteur, en ne l'appercevant pas, et le livre en le laissant oublier.

Cette capitulation, si elle se réduisait aux moindres termes, pourrait s'énoncer ainsi :

La Presse veille à l'intérêt général, et le Despotisme à son intérêt individuel; les deux intérêts se concilieront, autant que la chose sera possible : la Presse, surveillée sans cesser d'être libre, publiera ce qui pourra lui convenir ; le Despotisme, instruit des dangers qu'il court, fera ce qu'il voudra. La puissance légitime dira à l'usurpatrice : Tu as la force sans laquelle on commande en vain, je t'en apprendrai l'emploi, et nous gouvernerons ensemble.

Vous tous, qui êtes condamnés, par votre naissance, ou qui vous condamnez vous-mêmes, par votre ambition, à régner sur vos semblables, souvenez-vous qu'il existe une puissance supérieure, née il y a trois siècles et demi, qui vous surveille : si vous voulez légitimer en quelque sorte vos usurpations, capitulez avec elle : si vous êtes purs, confondez ensemble vos deux Souverainetés.

DE PARENTHÈSE EN PARENTHÈSE ON ABORDE LA QUESTION DE LA PAIX.

On ne sait si ce Mémoire parvint au premier Consul : ce jeune Héros n'est point dans l'usage d'écrire; il ne répond ni aux satyres ni aux dédicaces. D'ailleurs, il est si difficile de l'aborder! toutes les routes qui peuvent conduire jusqu'à sa personne sont obstruées par l'adulation qui rampe, ou par l'audace qui calomnie : il voudrait, comme Auguste et Louis XIV, voir tout par ses yeux, vivifier tout avec son génie; et une muraille inaccessible est élevée entre lui et les peuples qui l'implorent : il appelle la lumière, et on la rend hétérogène avant qu'elle parvienne jusqu'à lui : il tend les bras vers la vérité, et comme Ixion, il n'embrasse qu'un nuage.

Cependant Molto-Curante parvint un jour jusqu'à la première anti-chambre du château des Thuileries : là se trouva un homme de bien, que la voix publique avait appelé au Conseil d'État, et qui, à la prière du Noble de Venise, s'offrit de bonne grace à protéger le Mémoire. Comment, dit-il, cet écrit vient de Candide ; de ce même Candide dont Voltaire, le plus véridique des Historiens, a publié les voyages ?

De lui-même. Toute l'Europe sait qu'en 1760, époque où l'on commença à parler de lui, il n'avait pas tout à fait vingt ans; d'où il résulte qu'il est à peine sexagénaire : c'est un petit vieillard, tout aussi simple, tout aussi confiant, en cheveux gris, qu'il l'était lorsqu'un léger duvet ombrageait son menton. Je le crois le seul homme à qui le spectacle de toutes les extravagances humaines n'ait point donné d'expérience : tout est aussi nouveau pour lui, au milieu de cette Révolution Française, qui a vieilli l'esprit Européen de trois siècles, que lorsqu'il se laissa surprendre, derrière un paravent, avec Cunégonde, dans le plus gothique des châteaux de Westphalie.

Hé bien, ajouta avec une sorte d'émotion l'Homme d'État, je verrai avec plaisir Candide, comme un monument de l'âge d'Homère, au milieu des ruines de ceux du siècle de Louis XIV : il me parlera des personnages célèbres qui vivaient à Venise, lorsqu'il y vint chercher Cunégonde. Sa manière de voir en vaut bien une autre ; car il y a une sorte de virginité précieuse dans ses erreurs : et quoiqu'il marche à rebours du reste des hommes, il est toujours en présence de la nature.

Cet entretien amena une discussion sur l'âge de Candide : l'homme d'État et le Noble de Venise, qui sans doute n'avaient rien de mieux à faire dans une anti-chambre, que de disserter sur la chronologie, prétendirent, l'un que le héros Westphalien devait avoir soixante-deux ans, et l'autre seulement soixante ; et tous deux citaient sur un fait aussi mince, de grandes autorités. Les deux adversaires

saires se rendirent à la Bibliothèque consulaire, prirent un Voltaire en soixante-dix volumes, de l'édition de Kell, et ce nuage sur des dates se dissipa bientôt, sans qu'on eût besoin d'appeler Freret ou Newton en arbitrage. Il est certain que le Citoyen Caritat, Marquis de Condorcet, a eu tort de placer, dans sa table chronologique des œuvres du Philosophe de Ferney, l'avénement de Candide en France, à l'année 1758, tandis qu'il est dit en propres termes, à la tête de l'édition originale, qui a servi de modèle à l'Editeur : *CANDIDE ou L'OPTIMISME, traduit de l'Allemand du Docteur Ralph, avec les additions qu'on a trouvées dans la poche du Docteur, lorsqu'il mourut à Minden, l'an de grace* 1759. Or, puisque le frontispice du livre parle de l'année 1759, il est bien évident qu'il n'a pu être imprimé en 1758. Cette faute n'est cependant pas la plus grave des mille et une, que le Duc de Nivernois rencontra dans son exemplaire de souscription, et qui l'obligèrent à le renvoyer à Beaumarchais. J'en suis fâché pour la mémoire du Citoyen Caritat, Marquis de

Condorcet, dont on imprime actuellement les ouvrages.

Pendant que je m'amuse à disserter avec le public sur l'âge de mon Héros, comme si nous avions du tems à perdre dans une anti-chambre nationale, j'oublie qu'un grand événement se passe dans l'intérieur du Palais consulaire ; une nouvelle télégraphique, venue de l'armée du Rhin, annonce que la Maison d'Autriche, abandonnée par la victoire, offre la paix ; qu'elle livre en otages les trois forteresses importantes, d'Ulm, d'Ingolstadt et de Philisbourg ; et que se déclarant ainsi en minorité, elle met le Corps Germanique et son Chef sous la tutelle de la République. A ces mots, les cris de PAIX se font entendre de la terrasse des Thuileries à l'extrémité de l'Étoile ; le peuple pleure de joie, et les Hommes d'État s'embrassent, comme si leur pouvoir, né d'hier, ne devait plus mourir.

Candide était en ce moment au pied du grand escalier, disputant pour entrer sans carle, malgré la consigne consulaire. Ivre de joie, il serre dans ses bras le premier étranger qu'il rencontre ; il caresse jusqu'à la sentinelle qui l'a repoussé. A la vue de Molto-Curante, qui descendait avec l'Homme d'État: Mon ami, dit-il au Vénitien, enfin nous allons jouir du seul bien qui donne du prix à tous les autres : laissons-la mon Mémoire, qu'il est moins difficile de composer que de faire lire, et mon Privilége de penser qu'on a aboli sans doute avec tous ceux de l'ancien régime; et ne nous occupons plus que d'une paix auguste, qui va éteindre toutes les haines, cicatriser toutes les plaies et combler tous les abymes; d'une paix qui va jeter sans doute les Polynice dans les bras des Étéocle, et faire fraterniser ensemble les peuples de l'Univers. —

Vous croyez donc, dit l'Homme d'État, à cette paix, tombée du Ciel, et recueillie mystérieusement sur l'aile d'un Télégraphe ? —

Je la désire trop, pour ne pas y croire. —

Et moi, je la désire assez, pour la peser un moment dans les balances de ma raison. —

Quoi, vous doutez, quand vous avez entre les mains les clefs d'Ulm, d'Ingolstadt et de Philisbourg ! —

Ce sont des clefs d'or, qui me semblent cacher quelque piége. Philippe de Macédoine avait aussi de pareilles clefs, et il s'en servait avec perfidie, pour ouvrir à la Grèce, qu'il voulait avilir, toutes les portes de la servitude. —

Mais qui vous dit que l'Empereur n'a pas un grand intérêt à faire cette paix, qu'il achète par de si honorables sacrifices ? —

Il en a un encore plus grand, à ne pas livrer à son ennemi trois clefs de ses Etats héréditaires ; car s'il était aujourd'hui de bonne foi, demain il serait détrôné. —

Monsieur le Conseiller d'Etat n'est pas très-rassurant : il ouvre la boite de Pandore, et ne fait voir que les fléaux qui en sortent. —

Monsieur Candide, d'après son caractère, se rassure trop vite : il renverse la boîte de Pandore, et n'en laisse sortir que l'espérance.—

Mais pourquoi révoquer en doute ces préliminaires brillans de la paix de l'Europe?—

Pourquoi? Parce que l'Angleterre, comme la dominatrice des mers, étant la plus formidable de nos rivales, il fallait aller par elle à la Maison d'Autriche, pour avoir droit de pacifier l'Europe ; parce que la paix générale ne méritant ce nom, qu'autant que toutes les Puissances contractantes y trouvent leur intérêt, du moment que la Maison d'Autriche cède, pour prévenir la guerre, des possessions dont les plus grands désastres légitimeraient à peine le sacrifice, il résulte que le traité n'est qu'une capitulation sur la brèche, dont l'effet cessera aussitôt que le siége sera levé : en un mot, je ne vois de vraie paix, que lorsqu'elle remet les Etats belligérans au point où ils étaient avant de combattre ; qu'elle compense les malheurs de la guerre ; et qu'abattant des trophées même légitimes, elle ne laisse plus entre des ennemis qui se réconcilient, aucune trace ni de défaite ni de victoire. —

Voilà une paix qui serait du goût de mon instituteur Pangloss, car elle ressemble singulièrement à la fameuse paix de Westphalie. —

Je ne vous dédirai pas : vous venez de me citer le plus magnifique monument de la moderne Diplomatie. Le traité de Westphalie est pour moi cette pyramide Égyptienne d'Hermès, où les élémens des connaissances de l'homme et sur-tout de son bonheur sont renfermés : les brigands se pressent autour d'elle, les trônes se renversent, les notions du juste et de l'injuste s'anéantissent ; mais, au milieu de ce chaos général, les principes se conservent, ils sont incorporés à une masse colossale qui défie l'éternité.

DES PAIX DICTÉES PAR LA RAISON, ET DES PAIX ÉCRITES DANS LES MANIFESTES.

Candide, aussi amoureux de la paix en 1800, qu'il l'avait été de Cunégonde en 1760, sortit très-mécontent de son entretien avec Molto-Curante ; il l'était d'autant plus, qu'il était moins aisé de lui répondre. En général, pour peu qu'on se prononce sur des opinions politiques, dans les orages des Révolutions, la discussion ne ramène personne : l'esprit bien fait ne pardonne pas plus la logique, que l'esprit de travers ne pardonne les injures.

L'élève de Pangloss, aussi triste que l'Hippolyte de Racine, après la malédiction de son père, suivait, tout pensif, le chemin du Cours-la-Reine, quand il apperçut, en face de l'Hôtel des Invalides, une foule immense de tout état, rassemblée autour d'un colporteur de journaux, qui vendait la paix à trois sous, à tout homme assez patriote pour l'acheter.

Nous la tenons enfin cette paix fortunée, disait un orateur populaire : le Cabinet Impérial, en nous livrant trois grandes forteresses, s'enlace lui-même dans le piége qu'il voulait nous tendre : s'il nous force à rompre l'armistice, nous entrons dans l'Autriche par trois portes ; Vienne est prise en trois jours ; et trois décades après, l'héritier des Césars est traîné, derrière un char de triomphe, à la tour du Temple, devenue notre Capitole.

Voilà de grands exploits, sans doute, disait un bon père de famille, qui serrait la main de sa jeune épouse, et donnait un baiser d'abandon à son fils : mais quand l'Empereur et toutes les têtes couronnées de l'Europe seront au Temple, en aurons-nous plutôt la paix ; cette paix qui, en vivifiant les Arts et l'industrie, sauvera mon fils du fléau de la Conscription militaire, et empêchera ma digne moitié de mourir de désespoir et de faim ?

Tranquillisez-vous, dit un Officier en uniforme, qui traversait les groupes; nous ne détrônerons personne et nous aurons la paix : ainsi le veut l'Empereur, qui craint notre épée, et Bonaparte, qui la montre sans cesse hors du fourreau, pour nous dispenser d'en faire usage : ainsi le voudra aussi la République Royale de la Grande-Bretagne, quand elle verra la ligue du Nord fermer les ports de l'Europe à ses vaisseaux, et notre drapeau tricolor sur le point d'être arboré sur les tours de Westminster et du Palais de Saint-James.

Puis se tournant vers un Prélat de l'ancien régime, qu'il avait amené, et qui cachait sa croix d'or sous la bure modeste de sa redingote ; la paix, dit-il, n'est pas plus un problême, que la descente en Angleterre ; plus d'un de mes voisins a des données sur ce sujet : qu'en pense Monseigneur ?

Monseigneur, doucement ému de s'entendre déférer un titre que l'orgueil républicain refusait à l'humilité épiscopale, depuis le commencement de la Révolution, dit, en étendant ses doigts bénits du côté de l'Ouest : L'ennemi de la paix de l'Europe est là ; mais nous la ferons signer, l'épée à la main, à ces hérétiques : ensuite nous nous battrons avec les armes de la Théologie, et le Saint-Père nous jugera.

Votre Grandeur se trompe, dit un Athée du Corps Législatif, qui traversait les groupes ; la paix, dont je vous garantit la stabilité, confondra dans la même tombe la foi des Catholiques et la raison des Protestans, l'idolâtrie des Adorateurs du Pape et le théisme des Philosophes qui se jouent de ses oracles : c'est le Seigneur du Ciel, et ceux de nos Monarchies, qui ont amené toutes nos discordes : donnons au néant seul le titre de Monseigneur, et la terre sera pacifiée jusqu'à ce qu'elle retombe dans son sein.

A ces mots, un mouvement d'indignation se manifesta de toutes parts : il se fit involontairement un cercle autour de l'Athée, comme si, frappé d'excommunication par la raison humaine, il empoisonnait de son haleine, l'air qu'on était obligé de respirer avec lui ! comme si les hommes de bien, à qui son blasphème s'adressait, voyaient le néant de l'orateur s'attacher à la paix qu'il osait promettre, et dont il détruisait la garantie par son odieuse responsabilité !

Le tumulte un peu appaisé, on se remit à raisonner par-tout, ou à déraisonner, sur la cession des trois forteresses Impériales ; et peu-à-peu la paix, l'objet de tous les désirs, devint le foyer de toutes les espérances : il n'y avait personne, dans cette foule crédule, qui ne fondât sur cette base fragile sa future félicité. Je serai payé de mes arrérages, disait le Professeur des Ecoles centrales ; je jouerai à mon gré à la hausse et à la baisse, disait l'immoral Agioteur ; et moi, ajoutait avec un soupir un de ces squelettes ambulans qu'on appelle un Rentier, j'espère qu'on abrogera cette abominable conspiration contre le Peuple François, qu'on appelle la Loi de la mobilisation de la dette publique : elle a fait mourir de faim mon père et deux de mes enfans ; elle dégrade aux yeux de l'Europe le Gouvernement qui la protége ; et je ne vois pas trop à quoi elle peut être utile, si ce n'est à légitimer, par un grand acte public d'immoralité, les délits contre l'honneur, la perfidie commerciale et les banqueroutes.

A quelque distance des groupes, se trouvait un homme à cheveux blancs, qui examinait Candide avec une sorte de curiosité inquiète, et n'osait l'aborder. Le Westphalien va à lui : c'était le Prote de l'imprimerie du *Citoyen Français*. Pardon, dit le Littérateur vénérable ; mais ces jours derniers, quand vous m'avez consulté sur le grand problème de la liberté de la Presse, un peu trop absorbé par un travail mécanique sur la correction de mes épreuves, je n'ai pu jeter que quelques regards furtifs sur votre physionomie, qui parlait d'une manière vague à ma sensibilité : depuis une demi-heure que je vous observe avec plus de soin, il me semble que vos traits, altérés par l'âge, ont encore leur type dans mon cœur : pourrais-je vous demander si vous étiez au Carnaval de Venise, vers 1759 ? Sur l'affirmative de Candide : Eh quoi ! ajouta-t-il, vous ne reconnaissez pas le Théatin à qui vous donnâtes mille piastres, afin d'être fortuné un jour avec sa maîtresse ? Eh quoi ! c'est vous, frère Giroflée, répond Candide ? Pardon, si depuis quarante ans, j'ai perdu le souvenir d'un si léger bienfait ; mais venez avec moi, je vous présenterai à mon ami Molto-Curante ; c'est un homme d'un grand sens, quoiqu'il ne pense pas comme moi sur la paix de l'Europe : nous irons voir ensemble les chevaux de Lysippe, et nous nous croirons encore quelques momens à Venise ; vous avec votre courtisane, qui vous rendait heureux en vous trahissant ; et moi avec les six Rois détrônés, dont j'empêchai, avec un diamant, le plus modeste de tous d'aller mourir à l'hôpital.

Pendant la route, le Théatin, métamorphosé en Prote d'imprimerie, raconta une partie de ses aventures. Toute l'Europe sait, d'après le chantre de Jeanne d'Arc, qu'après avoir été Moine malgré lui, il s'était fait Turc ; et qu'ensuite ayant appris, comme l'Emile de Jean-Jacques, l'Art de la menuiserie dans Constantinople, il était devenu honnête homme. Le métier d'honnête homme, dans les Empires absolus, comme dans les Républiques des Démagogues, mène rarement à la fortune. Le Moine circoncis, tourmenté par un Bacha, dans le jardin de Cunégonde, se sauva à Venise, et fut accueilli par Poco-Curante, qui le nomma son Bibliothécaire : c'est là qu'il prit ce goût raisonné pour les lettres, qui rend l'homme supérieur aux événemens dont il est froissé, et lui apprend à se jouer de la fortune, qui, elle-même, se joue du genre humain.

Les désastres successifs de la Bibliothèque du Sénateur forcèrent le Moine, honnête homme, à se réfugier en France : il y composa des livres d'une science profonde, qui furent estimés et ne purent se vendre. La Révolution vint : on lui donna une place lucrative qui tendait à le déshonorer, et il abdiqua : on le nomma d'une Académie qui, peu de jours après, fut supprimée : et enfin, trop fier pour prostituer son talent à l'homme en crédit, trop connu par son courage, pour que l'homme en crédit daignât l'appercevoir, il fut réduit, pour exister avec l'estime de soi-même, à se faire Prote d'imprimerie.

C'est en s'entretenant ainsi, que les deux étrangers arrivèrent à la place décorée, dans l'origine, pour Louis-le-Bien-Aimé ; devenue par le plus grand des crimes, la place de la Révolution ; métamorphosée aujourd'hui en place de la Concorde ; et qui, lorsque la République sera assez forte pour se montrer juste, se nommera la place de Louis XVI. Molto-Curante était à l'endroit même où se consomma le régicide, accoudé sur sa canne à pomme d'or, et paraissant aussi ému que s'il assistait au supplice de Phocion, ou à l'empoisonnement de Socrate : Candide le tira de sa sinistre rêverie en lui proposant de venir voir les chevaux de la place de Saint-Marc, aux Invalides. Après un quart d'heure de pénible silence, Molto-Curante mit lui-même la conversation sur la paix : c'était la nouvelle du jour, et elle devait être celle de tous les jours, jusqu'à ce que, par la signature des préliminaires, la Nation eût le droit de revenir à son ancienne frivolité.

J'ai entendu, disait le Théatin, raisonner la multitude sur la paix continentale que l'Empereur propose : tout le monde s'entretient sur ses résultats, et personne n'en étudie la stabilité dans les causes : on arrange des phrases et nul homme ne sait poser un principe. Ces Parisiens forment une singulière caste dans la grande famille des êtres intelligens ! On leur a dit, pendant huit ans, La paix est un délit ; et ils ont égorgé glorieusement des hommes en bataille rangée, ils se sont laissé égorger eux-mêmes, pour ne pas se rendre coupables du délit de la paix : aujourd'hui on leur dit, La paix est le plus grand des biens, mais il faut la conquérir avec l'épée ; et ils verseront leur sang jusqu'au dernier, pour conquérir cette paix, qu'ils ne sont jamais plus sûrs d'atteindre,

que

que quand elle est évidemment prête à leur échapper.

Je suis du sentiment de l'ami de Candide, dit Molto-Curante : il n'y a point de paix entre des ennemis en présence, quand l'un des deux la demande à genoux ; car un traité, que la morale avoue, (ce sont les seuls dont la Diplomatie du dix-neuvième siècle puisse s'occuper,) n'offrant à l'idée qu'une communauté d'intérêts, ne subsiste que par l'égalité des forces qui le protégent : or, où est la communauté d'intérêts, quand une des Puissances ordonne et que l'autre tremble ? Que devient l'égalité des forces protectrices, lorsque le vainqueur agite son glaive avec audace, et que le vaincu n'a que la force de tomber à ses genoux ?

Molto-Curante, ajouta le Théatin-Philosophe, a jeté ici un grand trait de lumière : il n'y a point de paix, sans les trois élémens qui la constituent ; sans moralité dans le principe ; sans communauté d'avantages pour les peuples destinés à en jouir ; et sans égalité de forces, réelle ou apparente, pour lui servir de garantie. Moralité, communauté, égalité, voilà les trois pierres de touche, qui peuvent faire juger si cette paix est sortie homogène du creuset social, ou si l'ambition, la vanité, la vengeance, y ont mêlé leur alliage.

Appliquons ces principes à la paix continentale qu'on nous présente, et voyons si la France a de quoi s'énorgueillir de donner en Souveraine un nouvel équilibre à l'Europe.

Quelle est la moralité d'une paix où l'on se propose d'ériger en délit les malheurs de la guerre, et de punir des Etats de leur faiblesse par la perte de leur Souveraineté ?

Où sera la communauté d'intérêts pour les peuples, qui étaient libres avant la Révolution Française, si la conquête constitue un droit et que l'infortune perde le sien ; si pour que la France, la Maison d'Autriche et la Grande-Bretagne, restent Puissances dominantes, il faut abandonner la Pologne à sa destinée; républicaniser la Hollande malgré elle, ainsi que l'Helvétie; ôter Malte à ses Chevaliers; Venise à ses Doges; et la mer même, dont la nature a fait la ceinture du Globe, aux navigateurs cosmopolites dont on n'a pas vérifié le pavillon sur les bords de la Tamise?

Quant à l'égalité des forces destinées à garantir la paix, elle est parfaitement nulle : l'Empereur, avec son invasion de la Pologne, son acquisition de Venise, et les indemnités dont on berce son orgueil, subjuguera le Corps Germanique; la France, avec sa République anti-Royale, détrônera l'Empereur; et l'Angleterre, avec ses escadres dominatrices dans les deux Mondes, affamera l'Europe.

Mais, disait Candide, voyez les manifestes des grandes Puissances : comme leur langage est pur ! comme la générosité s'y énonce dans le style de l'antique Chevalerie! on ne s'y honore que du plus héroïque dévouement : les Rois vont, comme Codrus, mourir pour leurs peuples ; les Curtius Français s'apprêtent à se jeter dans l'abyme pour sauver leur République : de pareils écrits, dictés par la Philantropie, sont des engagemens sacrés que contractent les Souverains, en face de l'Europe. Quoiqu'en dise la malveillance, c'est une grande conception en politique, qu'un manifeste.

Candide est toujours le même, répliquait le Sénateur de Venise ; il croit à la franchise de ce qu'il lit, comme à celle des bonnes actions qu'il fait. Les écrits des Puissances, depuis plus de trois siècles, sont, à quelques exceptions près, des fourberies convenues entre les Gouvernemens, pour empêcher cet amas de bêtes de somme, qu'on appelle la multitude, de se cabrer contre le mors qui les blesse : on y donne aux mots de paix, de franchise, de loyauté, une acception éventuelle, comme dans les chiffres de la Diplomatie ; les Souverains qui s'en servent, ont seuls le secret, et, quand on n'est pas initié, il échappe à la lecture.

Toutes ces distinctions me confondent, disait le bon Westphalien ; je vois bien qu'il ne suffit pas de voir les hommes, pour connaître l'homme : cependant mon cœur s'attriste de ce que ma logique a tort ; je pense qu'il vaudrait peut-être mieux, dans ce plus parfait des mondes possibles, qu'une paix, dictée par la raison, ne fût pas essentiellement distincte d'une paix écrite dans un manifeste.

Il y avait déjà un certain intervalle de tems que les trois interlocuteurs étaient en présence des chevaux de Lysippe, et ils ne s'en étaient pas encore apperçus. Molto-Curante expliqua cette distraction d'une manière assez ingénieuse : C'est que, dit-il, ce monument n'est pas à sa place ; il est des ouvrages de génie, dans les Arts, qu'ils ne faut pas arracher du lieu où ils rappellent de grands souvenirs : ces chevaux de bronze ne remuent l'enthousiasme qu'à Venise, comme la Vénus de Médicis à la galerie de Florence, et l'Apollon du Belvédère au Vatican.

Petite anecdote sur la saisie d'un livre un peu trop raisonnable pour le tems, ayant pour titre :

DE LA PAIX DE L'EUROPE.

Candide et Molto-Curante, toujours parlant de paix, et toujours la cherchant aussi en vain que Diogène cherchait un homme avec sa lanterne, traversaient la rue Pavée, pour aller contempler, au centre du Pont-Neuf, le fameux corps-de-garde que le patriotisme républicain avait substitué a la statue vénérable du grand rêveur sur la paix perpétuelle; de cet excellent Henri IV, dont on a pu briser les monumens, mais qu'on n'arrachera jamais des cœurs Français. Il y avait, dans cette rue Pavée, un grand nombre de personnes amassées à la porte d'un Libraire,

pour avoir un livre nouveau, qui avait pour titre : *De la Paix de l'Europe, et de ses bases*. L'Auteur était mêlé par hasard dans la foule, et quoiqu'il cherchât à voiler son visage, quelques personnes l'avaient deviné : on le félicitait d'avoir dit à un Gouvernement, avide de faire le bien, ce secret de tout le monde, que quelques hommes, qui ont peur, ont tant d'intérêt à dissimuler. « Oui, disait le pacifique Ecrivain, ce secret
» sera bien reçu; le régime consulaire ne
» vient que de s'organiser, mais c'est un
» enfant bien né qui prospérera; car il aime
» les lumières : rallions-nous tous auprès de
» lui. C'est à l'Homme de Lettres à écrire
» pour l'éclairer, au Magistrat à veiller pour
» le maintenir pur, et au Guerrier à mourir
» pour le défendre. J'ai osé le premier donner une adhésion solennelle à cet ordre
» de choses réparateur ; et puisqu'il tient
» tout ce qu'il promet, j'espère que les
» générations futures, pour lesquelles je
» travaille, ne me désavoueront pas. »

Ce discours, le titre sur-tout de l'ouvrage

dont on parlait, fixèrent l'attention des deux étrangers : ce nom de paix, après dix ans de désastres, semble un mot magique, destiné à faire sourire encore l'homme de bien, entre des souvenirs pénibles qui le tourmentent, et un avenir sinistre qui le menace. Candide, introduit dans la cour avec la foule, disait à Molto-Curante : Mon ami, il s'agit ici précisément des deux objets qui occupent, depuis long-tems, toutes les facultés de mon entendement, de la liberté de la Presse et de la paix de l'Europe ; voyons cette paix, achetons ce livre : si l'Auteur pacifie le monde, non avec les préjugés du tems, mais avec les principes, le bonheur est ici ; et nous n'avons plus besoin, vous, de faire rétablir votre livre d'or, et moi, de cultiver mon jardin de la Propontide.

En ce moment la porte du magasin s'ouvre, et la foule s'y précipite. Citoyens, dit alors une voix douloureuse, vous venez acheter l'ouvrage nouveau ; mais la Nation juge à propos d'en hériter : venez et voyez.

Candide et son ami se retournent, et apperçoivent un Exempt, un Commissaire de Police, avec tous les Alguazils de la Propagande littéraire, qui entassaient à l'envi des piles du livre prohibé, comme s'ils avaient voulu faire la guerre au Ciel avec des *Paix de l'Europe*. Tout le monde avait les yeux fixés sur l'Auteur : son premier mouvement d'inquiétude ne regarda pas son propre danger, mais celui de son Libraire; appréhendant que, d'après d'antiques usages, il ne fût conduit dans quelque Bastille Républicaines, avec les brochures que les quatre Constitutions Françaises lui permettaient de vendre. « Hommes de la Police, dit-il, quand
» on a eu le courage de faire un pareil
» livre, on a aussi celui de l'avouer : je vous
» déclare authentiquement, que s'il y a
» quelque délit dans cette affaire, moi seul
» j'en suis coupable, et que je n'ai point de
» complice. Votre présence ici annonce une
» infraction solemnelle de la propriété. Quels
» sont vos ordres, et par quel étrange écart
» des principes suis-je obligé de me justi-
» fier devant vous ? »

Cette manière de se défendre n'était pas tout à fait celle d'un coupable ; mais elle n'est faite pour nuire, que quand on se trouve sous l'empire de la force. L'Exempt exhiba sa petite lettre de cachet : on vit que le livre seul était destiné à la Bastille, et cette idée consola tout le monde. Vingt ans auparavant, un mandat, signé de la main à ressort du Visir la Vrillière, aurait envoyé dans les tours de la ci-devant forteresse du faubourg Saint-Antoine, l'Auteur, l'Imprimeur, le Libraire, l'ouvrage, et s'il eût été possible, jusqu'à ses Lecteurs.

En parcourant la sentence de la Police, contre le livre de la *Paix*, un des spectateurs y apperçut une petite injure contre le condamné, qui le fit sourire ; il y était dit : *Pour cause de mœurs, etc.* L'ouvrage sévère qui appelait la politique de tous les Gouvernemens au tribunal de la morale, qualifié d'immoral ! Le manifeste d'un nouvel Abbé de Saint-Pierre, en faveur de la justice éternelle, de la concorde et de la vertu, assimilé avec les productions perverses de

Pétrone et de l'Aretin ! De pareilles anecdotes ne sont vraisemblables que dans un siècle révolutionnaire. Sur le témoignage de la surprise générale, l'Exempt ne manqua pas de faire observer, que l'injure dont on se plaignait *n'était que de protocole* : malheureusement le corps du mandat, c'est-à-dire, ce qui est naturellement de protocole, se trouvait imprimé ; tandis que la qualification, qui paraissait moins atroce encore que ridicule, était écrite à la main. Ainsi le livre, d'après le Code criminel, non de Montesquieu ou de Beccaria, mais de la Police, avait été évidemment interrogé sur la sellette, confronté, recollé ; et ce n'était sans doute que d'après ces formes tutélaires, qu'on l'avoit condamné à la reclusion, comme convaincu d'avoir attenté aux mœurs de la République.

Ce jugement semblait d'autant plus étrange, que l'ouvrage n'était public que depuis trois jours : il y avait peu de vraisemblance que, dans ce court intervalle, un volume de quatre cents pages, tout hérissé de Droit des

Gens et de Diplomatie, eût pu être analysé, de manière à en extraire le poison politique, imperceptible même au microscope révolutionnaire, et sur-tout le poison moral, qui, mathématiquement, n'existait pas. Ce soupçon se convertit en certitude, quelques jours après, lorsque le Libraire s'étant présenté pour visiter le livre infortuné dans sa prison, un des Concierges lui montra trois exemplaires destinés à être distribués aux Censeurs, pour en faire un rapport motivé au Ministre de la Police : ainsi il n'y avait eu, le 27 Brumaire, jour de la saisie, ni examen, ni rapport préliminaire; il est probable que l'arrestation du coupable s'était faite d'après un jugement prévôtal, et parce qu'il avait été surpris en flagrant délit, espèce de justice expéditive pour les livres, qui n'est pas rassurante pour les hommes.

Cependant l'immoralité de ce livre *de la Paix*, écrit pour propager la morale publique, entraîna l'Auteur à quelques autres considérations, dans un entretien qu'il descendit à ouvrir avec le premier Agent de cette Police inquisitoriale : il observa que son ouvrage sortait des Presses d'un des premiers Imprimeurs de la Capitale ; qu'il portait au frontispice son nom tout entier, avec ses titres académiques ; qu'avant la vente, il en avait adressé divers exemplaires au premier Magistrat de la République, et à plusieurs Membres du Gouvernement : il était difficile de manifester des intentions plus pures, plus éloignées de l'ame abjecte d'un perturbateur. Non content de cette apologie indirecte, il ajouta, qu'apôtre de la paix, il était si loin de la troubler, que dans l'hypothèse où quelque vérité non funeste, (cela était impossible) mais intempestive, lui aurait échappée, il offrait de la voiler, moyennant cet accommodement avec le ciel orageux des Révolutions, que dans la langue de la Typographie on appelle des *cartons*. Cet abandon pacifique de la pensée, entre les mains d'un Gouvernement qu'on croyait paternel, était bien fait, suivant Candide, pour absoudre l'Auteur *de la Paix* de quelques erreurs involontaires ; à plus forte raison pour détourner de punir un livre, du délit bien rare d'avoir voulu sauver sans Révolution la France et l'Europe.

Cependant la foule des acheteurs s'était peu-à-peu retirée, et il ne restait plus, dans le magasin inventorié, que l'Auteur, les deux étrangers et la bande des satellites. Ces derniers, il faut en faire l'aveu, mirent quelque décence dans leur invasion : ils firent leur visite sans amener de confusion, sans montrer de défiances odieuses, sans compromettre, par des recherches abjectes, l'honneur du Magistrat qui faisait exécuter la Loi.

Ce Magistrat lui-même pouvait être excusé sur une pareille violence, qui contrastait si fort avec la douceur du régime consulaire : il est certain que Molto-Curante entendit le chef des Alguazils dire à voix basse, que quoique le mandat portât la signature du Préfet de police, celui-ci n'avait été, dans cette occasion, que l'instrument passif des volontés de ses ministres. Ce qui fut dit à l'oreille du Vénitien, pour justifier le Magistrat, il faut le dire à l'oreille de toute la France, quand il s'agit d'un fait dont peut-être l'histoire s'emparera un jour : mais le cercle des surprises, à cet égard, n'est pas encore épuisé.

L'ami de Candide, toujours actif quand il s'agissait de remonter aux sources, soit du mal, soit du bien, fit des recherches pour savoir quelle part le Ministre de la Police avait pu prendre dans le rapt de la brochure innocente *de la Paix :* il apprit que l'Administrateur s'y était opposé, sous prétexte qu'un pareil éclat était de nature à augmenter sa publicité. Le Vénitien remonta encore plus haut ; et on lui fit entendre, que quoique les principes du livre saisi contrariassent la théorie dominante, il n'y avoit point eu d'ordre direct du Gouvernement. Toute cette nuit de conjectures est très-difficile à percer : il faut qu'un ouvrage ne soit pas très-dangereux, quand personne ne met son nom en tête du jugement qui le proscrit : il faut qu'un

Code criminel soit encore bien imparfait, quand il est plus aisé à la Loi de punir, qu'à un accusé de rencontrer un Tribunal pour se défendre.

LETTRE D'UN AMI DE LA PAIX, CONTRE LA PAIX DE L'EUROPE.

Du 27 Brumaire, jour de la saisie du livre *de la Paix de l'Europe*, jusqu'au 27 Frimaire, de la 9.ᵉ année républicaine, époque où moi, Docteur Ralph, je rédige ce chapitre, on m'a fait lire, par rapport à l'ouvrage prohibé, cent une lettres signées ou non signées, qui toutes rendent graces, au nom de la France, au nouvel Abbé de Saint-Pierre, du bien qu'il a tenté de faire, soit à sa Patrie, soit à la réunion de toutes les Patries de cet hémisphère. Ce nombre de cent une lettres me rappelle les cent une hérésies du Père Quesnel, condamnées par la Constitution Unigénitus, et par contre-coup, fixe douloureusement ma pensée sur la fatalité singulière qui a voulu que la première moitié du dix-huitième siècle fut troublée par une Constitution religieuse qui n'aurait jamais dû naître, et sa fin par trois Constitutions politiques qui, suivant l'opinion générale, ne devaient jamais mourir.

Or, parmi ces cent une lettres, que le ton habituel de l'éloge doit faire condamner à l'oubli, il en est deux de ce vertueux original, de Molto-Curante, qui méritent de trouver ici leurs places ; parce qu'elles dispensent de répondre à quelques *mensonges imprimés* sur la pierre philosophale de la paix universelle, qui ont eu cours à Paris, pendant vingt-quatre heures, à la grande édification des frères de la compagnie de Babœuf, et des missionnaires de la religion de Fructidor.

La première, (qui désignera l'objet de celle qui la suit,) est adressée à l'Auteur *de la Paix de l'Europe*, que le Vénitien avait rencontré un moment au magasin typographyque de la rue Pavée, lorsque la Police de Paris, habile à succéder, était venue, pendant qu'il vivait encore, hériter de son ouvrage.

« Digne Apôtre de la paix, mon nom, in-
» connu hors de Venise, vous dira cependant
» que je prends une part très-active à tout ce
» que les hommes publics laissent échapper
» de défectueux dans la Politique de l'Eu-
» rope : je me permets, non dans des livres,
» (car je crains l'inquisition des journaux
» comme celle de Goa,) mais dans mes lettres
» et mes entretiens, d'être contre eux le Dom
» Quichotte de la morale, de la tolérance
» et de la propriété : j'ai, à proprement
» parler, le département des sottises que
» la toute-puissance rend célèbres; et depuis
» la Révolution Française, vous sentez assez
» que j'ai de l'ouvrage.

» Vous-même, dont je viens de lire avec
» un charme inexprimable, l'Homélie sur
» la paix, je ne suis point en tout votre
» partisan. Vous vous êtes imaginé que nos
» Gouvernemens Européens étaient assez
» mûrs, pour entendre des vérités coura-

» geuses, et vous errez aussi puissamment
» que vous raisonnez : vous dites que
» l'homme social peut marcher droit avec
» les deux bâtons de la Logique et de la
» Morale ; et je crois (pardonnez à ma
» franchise du bon vieux tems) que vous
» avez dit une sottise.

» La Morale, pour les hommes puissans
» qui reposent sur l'oreiller de l'athéisme,
» comme le sage Montaigne sur celui de
» l'insouciance, est une bulle de savon
» dont les enfans se jouent, et qui, avant
» qu'on ait eu le tems d'expliquer sa struc-
» ture, s'est déjà dissipée dans le vague de
» l'espace.

» La Logique, quand on n'a d'existence
» politique que par la force, n'est que l'Art
» de calculer le succès de ses crimes, et
» de raisonner ses sottises.

» Il s'agit bien ici de votre raison de
» Locke et de votre morale de Socrate,
» quand une demi-douzaine de Souverains

» trouvent leur intérêt à bouleverser l'Europe
» avec leur épée ; quand ils déchirent les
» Etats, pour faire parler d'eux dans quel-
» ques journaux qu'ils soudoient ; quand
» le sang humain ne semble couler, soit
» dans les défaites, soit dans les victoires,
» que pour leurs menus-plaisirs.

» Vous nous dites ensuite, dans vos
» rêveries de Diplomates, que le moyen de
» faire respirer la terre, après dix ans de
» calamités, c'est de nous donner une se-
» conde paix de Westphalie ; et vous ne
» voyez pas que vous ravivez toutes les plaies
» de l'orgueil, toutes les blessures de l'im-
» péritie.

» C'est précisément parce que le traité de
» Westphalie est un monument colossal
» de sagesse et de raison, qu'on n'en voudra
» point : il faudrait alors retourner sur ses
» pas, et la dignité des Nations s'y oppose :
» il faudrait que les Empires revinssent à leurs
» anciennes limites, et l'Océan, quand il a
» rompu ses digues, ne rend pas aisément

» à une nature vivifiante les plaines qu'il a
» couvertes de ses ravages.

» D'ailleurs, les Souverains, qui mettent
» leur philosophie à ne jamais raisonner
» comme le reste des hommes, ne man-
» queront pas de dire, que par l'espèce de
» chaos désorganisateur où se trouve l'Eu-
» rope, une confédération de la nature de
» la paix de Westphalie, ne serait qu'une
» rêverie brillante de Platon ou de Thomas
» Morus. Ils oublient sans doute, qu'on
» faisait la même objection, en 1648, au
» Comte d'Avaux et au jeune Oxenstiern;
» que cependant ce chef-d'œuvre de la
» Diplomatie s'est exécuté; qu'il a subsisté
» cent quarante ans, et qu'il subsisterait
» encore, si la Révolution Française, comme
» une comète à queue ardente, n'était pas
» venue troubler l'orbite des Empires, et
» donner d'autres Lois au système de l'U-
» nivers.

» On ajoutera aussi que la paix de West-
» phalie, ayant été rompue, en 1772, par

» l'invasion de la Pologne, c'est un pacte
» anéanti, et qu'il faut désormais oublier :
» comme s'il était plus difficile de rendre un
» Royaume à ses Souverains légitimes, que
» de déplacer tous les Etats de l'Europe,
» pour faire un nouveau pacte social ! comme
» si, parce qu'on a abattu une colonne
» du péristile de Saint-Pierre, il fallait ren-
» verser la Basilique entière, pour demander
» à quelque Michel-Ange un nouveau plan
» de l'édifice !

» Oui, cette théorie admirable du traité
» de Westphalie, est une espèce de verre
» ardent fait pour décomposer tous les phé-
» nomènes de la Politique, qui n'ont qu'une
» vaine apparence ; pour rejeter dans le
» néant les idées fausses de l'égoïsme et les
» sophismes gigantesques de la vaine gloire :
» les Souverains, qui ne voudront être ni
» éclairés, ni brulés ; se réuniront pour
» anéantir votre miroir d'Archimède.

» Encore une fois, sage indiscret, vous
» avez plaidé la cause des siècles, et vous

» avez eu tort : si vous n'aviez parlé que
» pour le siècle où vous vivez, les honneurs
» seraient venus vous chercher en foule ; et
» peut-être seriez-vous devenu, dans votre
» vieillesse, Administrateur de loterie, ou
» Préfet de police dans un Département.

» Oui, votre livre *de la Paix de l'Europe*
» est mauvais, parce qu'il contrarie les
» hommes puissans, qui se jouent des droits
» des Nations, comme des propriétés indi-
» viduelles ; parce que vous nous donnez,
» dans un âge de fer, une doctrine de l'âge
» d'or ; parce que le fruit que vous trans-
» plantez sur nos terres appauvries et dégra-
» dées, ne saurait prospérer que dans la
» région des aromates.

» Cependant je suis juste ; de ce que le
» redresseur des torts est imprudent, il ne
» s'ensuit pas évidemment qu'il soit criminel :
» Tacite redressait les torts des Empereurs
» de Rome, et, hors de l'enceinte de leurs
» Cours, personne ne songeait à le flétrir :
» le Sénat, malgré les délateurs et les adu-

» lateurs dont il était rempli, ne se détour-
» nait pas à son approche : la gazette du
» temps, compilée par Suétone, n'étouffait
» pas, sous un procès criminel, **la gloire
» des *Annales*.**

» Pour vous, vertueux rêveur, vous n'avez
» pas été aussi heureux que Tacite : pen-
» dant qu'en qualité de Citoyen de l'Eu-
» rope, vous souteniez la gloire du nom
» Français, un homme à pamphlets pério-
» diques, qui est aussi *Citoyen Français*,
» du moins à la tête de sa brochure, a
» cherché à tuer votre livre à sa naissance,
» avec deux de ses paragraphes. Il y a
» apparence que vous, le Génie de la paix,
» vous ne répondrez pas à cet Ange exter-
» minateur ; car on m'assure que, comme
» Fontenelle, vous n'avez jamais répondu à
» aucune satyre : mais moi, qui aime votre
» paix Européenne, toute folle qu'elle est
» dans les circonstances, je vous adresse
» une copie de la petite diatribe que je fais
» passer au *Citoyen*, en réponse à sa cati-
» linaire : il lui manquera peut-être un peu

» de ce sel Attique, qui servait de passe-
» port à tous les opuscules de mon ami
» l'ancien Docteur Ralph, mort à Minden,
» l'an de grace 1759; mais alors vous serez
» le maître de réunir, dans le même bûcher,
» les deux ouvrages dont les élémens se
» repoussent le plus, c'est-à-dire, le libelle
» du *Citoyen Français*, et ma réponse. »

DÉNONCIATION DU CITOYEN FRANÇAIS, A TOUT FRANÇAIS DIGNE DU NOM DE CITOYEN, PAR LE SÉNATEUR MOLTO-CURANTE.

SERA-T-IL permis à un étranger, qui aime la France, quoiqu'il ne lui appartienne que par droit de conquête, de dénoncer un de ces douze papiers publics de Paris, à qui l'on permet d'exister quelques minutes, pourvu qu'ils restent aussi muets que les Eunuques d'un serrail : ce papier public a pris, de son autorité privée, le titre de *Citoyen Français*, et se permet, de tems en tems, quelque petite espiéglerie à la Marat, contre tout ce qui ne porte pas les livrées de son nouvel *Ami du Peuple*. Il est probable que peu d'hommes de goût connaissent ce Citoyen de nouvelle date : moi-même je n'en avais pas entendu parler, avant qu'on me montrât son manifeste guerrier contre la paix. Ma dénonciation aura peut-être quelque poids, parce qu'elle ne porte aucune empreinte de virulence : elle ne nuira pas même à la feuille qui appelle mes crayons ; car tombée déjà une fois, lorsqu'elle n'était que le *Citoyen Français*, et prête à faire une seconde chute, depuis qu'on a greffé sur elle le journal *des Hommes libres*, je lui rendrai peut-être le service d'occuper d'elle un public d'élite, et d'étendre sa gloire au delà de la petite enceinte de ses abonnemens.

Voici le paragraphe qui a allumé ma verve : je ne dissimulerai point l'intensité du venin, afin de mettre dans un plus grand jour l'efficacité de l'antidote.

« On a saisi chez Maradan l'édition en-
» tière d'un ouvrage du Citoyen Delisle-de-
» Sales, intitulé : *De la Paix de l'Europe,*
» *et de ses bases.*

« On est fâché de voir un membre de

» l'Institut, autrefois distingué par sa philo-
» sophie, n'écrire maintenant qu'avec du fiel,
» inonder le public d'un débordement de
» phrases virulentes contre la liberté, dont il
» fut l'Apôtre; montrer l'humeur d'un Avocat
» qui défend une mauvaise cause, et s'ex-
» poser à la rigueur nécessaire d'un Gou-
» vernement qui ne veut point de réac-
» tion (a).

On a saisi l'édition entière. Ce préambule, qui, isolé, ne serait qu'un trait de faiblesse, prend un peu la teinte de libelle, quand on s'en sert pour motiver une satyre qu'on ne demandait pas. Si on a saisi l'édition entière *de la Paix de l'Europe*, je ne vois pas pourquoi on va entretenir la France d'un ouvrage, qu'elle ne peut plus connaître; pourquoi ne siégeant pas dans un Tribunal criminel, comme Accusateur public, on se propose de flétrir un livre qui n'est pas sur la sellette pour se défendre. C'était bien à-peu-près ainsi que

---

(a) *Citoy. Franç.* du 29 Brum. an IX, n.º 370.

les Inquisiteurs d'Etat procédaient à Venise, contre les ennemis des préjugés, qui portaient une lanterne sourde dans les sentiers tortueux de leur Gouvernement : mais aussi Venise n'est plus ; le Livre d'or, où mon nom était inscrit, a été déchiré ; les beaux chevaux de Lysippe ont, comme ceux du Jupiter d'Homère, franchi en trois pas l'intervalle qui sépare la place de Saint-Marc de votre Hôtel des Invalides. Malheur à qui s'amuse à proscrire la pensée ; tôt ou tard cette pensée revient de son exil, reprend des principes de vie sur les échafauds : Venise peut s'effacer de la mémoire, même le *Citoyen Français* ; mais la pensée, à qui l'on doit Homère, Tacite, Locke et Montesquieu, partage leur immortalité.

On est fâché de voir. J'aime beaucoup *on est fâché* ; c'est le style ordinaire de tout homme qui ne se compromet pas jusqu'à signer son libelle : *on*, dans cette circonstance, semble signifier le public, mais ne désigne réellement qu'un seul homme, celui qui se cache ; celui qui, comme le Parthe, s'est exercé à décocher des flèches en fuyant. Cet *on*, dont on s'indigne, quand on a du courage, dont on se mocque, quand on a de la gaieté, rappelle le fameux *nous* de Port-Royal, imaginé par l'humilité chrétienne pour sauver l'égoïsme du *moi* : mais il y a quelque différence entre l'*on* du *Patriote Français* et le *nous* de Pascal : tous deux, il est vrai, étendent l'unité individuelle ; mais l'un multiplie la nullité, et l'autre le génie : le premier promène sur plusieurs inconnus la jouissance d'une feuille éphémère, destinée à l'oubli ; le second fait partager à plusieurs Grands Hommes la gloire d'avoir créé les Provinciales.

On est fâché de voir un Membre de l'Institut. On, c'est-à-dire, le Patriote Français semble fâché qu'il y ait de la philantropie, des connaissances diplomatiques et sur-tout du courage à l'Institut.

J'observerai, par rapport à ce nom d'Institut, substitué par les novateurs de la Révolution Française, à celui d'Académie, qu'en qualité de Signor Molto-Curante, je m'y intéresse infiniment, parce qu'il est originaire d'Italie, où je suis né. On m'objectera peut-être que la dénomination de mon protégé n'est pas plus harmonieuse dans la langue de Pétrarque et de Métastase que dans celle de Racine et de Fénélon ; mais il appartient à l'homme de talent d'adoucir les mots, comme à Orphée d'amollir les marbres : les travaux de Marsigli ont rendu sonore l'Institut de Bologne ; les ouvrages des beaux Génies de la France République, feront croire que le nom de son Institut a autant de mélodie que celui de l'Académie de Fontenelle.

Un Membre de l'Institut, autrefois distingué par sa Philosophie. Il s'agit ici probablement de la Philosophie de la Nature, ouvrage d'une imagination brillante, mais vagabonde, plein d'idées neuves et d'erreurs; excellent préservatif contre le despotisme des Trônes absolus, mais un peu dangereux parmi les licences de la démagogie : ce livre peut plaire, du moins par fragment, à
Monsieur

Monsieur *On*, qui représente les Patriotes du Journal des Hommes Libres; mais je crois que Monsieur *Nous*, interprète de Port-Royal, trouverait un goût plus pur, une raison plus exercée, dans les derniers ouvrages philosophiques de l'Auteur de la Paix de l'Europe, dans son Monde primitif, dans sa Philosophie du Bonheur, dans ses Philippiques en faveur des déportés de l'Institut, et dans son Mémoire sur les Académies.

Monsieur le Patriote, par excellence, ajoute que le Livre de la paix *est écrit avec du fiel*; que son Auteur *inonde le public de phrases virulentes contre la Liberté*. C'est à cette phrase *virulente* que je dois la lecture du livre prohibé : le *fiel* du critique me donna envie de connaître celui qu'on prêtait à un Ecrivain connu de l'Europe par sa tolérance. On vendait l'ouvrage quinze francs, grace à la saisie, et tous les curieux n'en avaient pas : quinze francs étaient une somme pour un Vénitien rayé du Livre d'Or, qui s'étant reveillé un jour sans Patrie, courait le monde, portant, comme Bias, tous ses trésors dans un pan de son habit. Cependant je sacrifiai la somme au désir de m'instruire ; et voici un petit choix des pensées *pleines de fiel*, des *phrases virulentes*, que je marquai d'un coup de crayon dans mon exemplaire.

L'Apologiste de la paix commence par indiquer dans quel esprit a été écrit son Livre, et il en fait l'analyse en quelques lignes : voici le morceau ; le lecteur jugera par lui-même de quel côté est le poison, si c'est dans l'objet disséqué, ou dans le scalpel qui fait la dissection.

« Appeler l'Europe entière à un congrès
» sur lequel ni la force ni l'adresse ne sau-
» raient influer ; poser les bases d'un équi-
» libre qui n'altérerait les élémens d'aucun
» Trône ni d'aucune République ; tracer les
» premiers linéamens d'une transaction di-
» plomatique entre les Puissances, dont nulle
» d'entre elles n'aurait intérêt de lacérer les
» pages ; inviter à la restauration les peuples
» libres sans les aduler, et les Rois sans

» les maudire ; ne vouloir être ni plus par-
» fait que la nature humaine, ni meilleur
» calculateur que les événemens ; présenter
» enfin des doutes modestes aux Repré-
» sentans des Nations, sans leur rien pres-
» crire et sans leur rien prédire : tel est,
» en peu de mots, l'esprit et l'analyse de
» mon ouvrage (a). »

Il semblait naturel, dans un ouvrage de la nature de celui-ci, de tonner avec la véhémence de Démosthène contre les ennemis de la paix générale, de les brûler avec le feu même de l'incendie qu'ils propageaient en Europe : notre Ecrivain adopte une autre marche, tant il craint de se rencontrer avec les Danton, les Saint-Just, et les autres Orateurs pacifiques de la Révolution Française.

« Je ne dois pas oublier, dit-il, qu'en
» qualité d'homme de paix, de simple disci-
» ple de Marc-Aurèle, de Fénelon et de

(a) *Paix de l'Europe*, pag. 22.

» Montesquieu, je n'ai à plaider que la cause
» du faible et de l'opprimé, de l'Etat qu'on
» mutile, du Monarque qu'on dépouille, du
» Peuple qu'on veut consoler de son impuis-
» sance réduite en système, en lui offrant
» de honteuses indemnités (*a*).

» On sent assez, ajoute-il ailleurs, après
» la manière franche dont je me suis prononcé
» sur les petites invasions de Modène, de
» Genève et de Malte, ce que j'aurais à dire
» sur les grands déchiremens de la Hollande,
» de la Pologne et de l'Italie ; une moisson
» abondante de palmes se présenterait à recueil-
» lir dans les champs de courage : mais en-
» chaîné par mon amour raisonné de la paix,
» par une sage philantropie, je ne dois pas,
» en m'écartant de la circonspection de Socrate,
» appeler autour de mon pays, et des Nations
» rivales, des orages qu'il est de mon devoir
» d'écarter : le congrès seul a le droit de pro-
» noncer sur les grandes infractions de l'ordre

(*a*) *Ibid.* pag. 324.

» social; et si, comme j'aime à m'en flatter, il
» rassemble les Représentans de toutes les
» Puissances, si leur choix est pur, si leur
» suffrage est libre, il ne m'appartient pas de
» prescrire à cet auguste Sénat Européen, la
» marche qu'il doit suivre, ni d'appeler des
» jugemens qu'il doit prononcer (*a*). »

Lors même que la fidélité de l'Histoire lui commande le tableau des catastrophes des Empires, voyez comme son ame tolérante repousse les crayons que la vérité lui met en main : il passe avec la légéreté d'Atalante sur les tiges venimeuses que sa course lui fait courber : on dirait qu'il regrette de ne pouvoir être utile au monde, sans déplaire aux artisans de son infortune.

« Si quelque Peuple a droit à la bienveil-
» lance de la confédération Européenne, c'est
» assurément celui de l'Helvétie, que sa cons-
» tante sagesse au sein des orages de la Poli-

(*a*) *Ibid.* pag. 303.

» tique et de la Religion, ses mœurs de
» l'âge d'or au milieu d'un siècle de fer, sa
» touchante hospitalité, sa bravoure héré-
» ditaire et ses vertus n'ont pu sauver de la
» peste démagogique, qui a dévoré sa popu-
» lation, et éloigné, de cinquante ans peut-
» être, son retour à son antique prospérité.
» Le tableau des longs malheurs de cette
» espèce de contrée patriarchale, dont
» l'homme de bien de tous les pays se flatta
» toujours de faire l'asyle de sa vieillesse,
» flétrit mon ame, allume ma bile et repousse
» mes pinceaux : je maudirais les oppres-
» seurs, si je savais maudire : hâtons-nous
» de traverser ces charbons ardens, et puisse,
» avec l'empreinte de mes pas, les traces de
» cet incendie s'effacer de ma mémoire (*a*). »

Ce qui achève de mettre dans tout son jour le *fiel* et la *virulence* du livre de la *Paix de l'Europe*, c'est l'espèce d'abandon, de sensibilité avec laquelle l'Auteur demande

---

(*a*) *Ibid.* pag. 309.

une amnistie générale pour tous les artisans des discordes publiques ; amnistie qui atteindra sans doute jusqu'au *Citoyen Français*, s'il a le bonheur de vivre à cette époque.

« Le besoin de l'harmonie intérieure exige
» que la France, qui a eu le malheur de
» s'organiser avec des secousses révolution-
» naires, revienne sur ses pas après dix ans
» de désastres, et ne songe plus à se régénérer
» qu'avec des principes de mœurs et un petit
» nombre de Lois.

» Et si la pente de cette Puissance vers la
» paix en égale le besoin, elle éteindra toutes
» les factions qui ont long-tems déchiré son
» sein, en isolant leurs chefs ; en les entou-
» rant, non d'échafauds, mais de lumières ;
» en les protégeant contre la haine générale,
» mais sans les récompenser de l'avoir pro-
» voquée, sans acheter à prix d'or leur simu-
» lacre d'apostasie, sans leur donner une
» part active à un Gouvernement qu'ils brûlent
» de renverser.

» Cette modération doit être annoncée par
» l'acte le plus solemnel d'amnistie : la capi-
» tulation une fois faite au nom d'une Nation
» magnanime, avec les perturbateurs qui
» avaient usurpé la Souveraineté, ou avec le
» faible pouvoir qui l'avait mal défendue,
» il faut que tout le monde en ressente les
» effets : Nobles ou Plébéïens, Conventionnels
» ou Emigrés, restes de la Compagnie de
» Marat, ou débris de la Compagnie du
» Soleil, la clémence doit tout atteindre,
» comme le remords doit tout expier : si cette
» clémence s'arrêtait à des exceptions, si elle
» se bornait à décimer des têtes, elle pren-
» drait un caractère de vengeance qui dis-
» créditerait l'Autorité. Les Tribuns de l'anar-
» chie ont aussi quelquefois invoqué l'am-
» nistie au secours de leur pouvoir expirant ;
» mais ils appelaient alors, dans leurs filets,
» les ennemis qu'ils avaient long-tems pour-
» suivis en vain ; leurs chants de paix, comme
» ceux des Cannibales, étaient des cris de
» mort. Que la France consulaire se montre
» plus généreuse que la France de Danton,
» ou celle du Directoire de Fructidor ;

» qu'elle anéantisse pour jamais les Conseils
» militaires, la Bastille du Temple, les dépor-
» tations à la Guiane, et les supplices pour
» les délits d'opinion : au même moment,
» tout le monde est à ses pieds ; elle ne voit
» plus d'ennemis dans ses enfans ; et l'autel
» du Saturne Carthaginois une fois renversé,
» elle a, comme Gelon, stipulé pour le genre
» humain (*a*). »

Le *Citoyen Français*, qui veut bien de l'amnistie pour les patriotes à la Danton, mais non pour les patriotes à la Malesherbes, fait entendre avec adresse, aux hommes qui ne peuvent plus lire le Livre *de la Paix*, que l'ouvrage n'étant qu'une satyre *virulente contre la Liberté*, expose son Auteur *à la rigueur nécessaire du Gouvernement.* Pour juger sainement de cet acte d'hostilité Carthaginoise, il faudrait transcrire un tiers de l'ouvrage prohibé, et faire de ma lettre un volume : je ne tomberai pas dans un pareil

―――――――――

(*a*) *Ibid.* pag. 118 et 119.

piége. L'épée de Roland fend les rochers, et ne s'amuse point à écraser des insectes. Je me contenterai d'indiquer aux Lecteurs, qui peuvent disposer de quinze francs pour acheter un volume, l'éloge de la Liberté qu'on rencontre à la page 51 ; le chapitre de l'apologie de la France envers l'Europe, qui commence à la page 340 ; et je ne ferai passer, par la poste, à Monsieur le Citoyen, que le paragraphe suivant, tiré de la page 375, qui forme une partie intégrante de la péroraison :

« France de la Révolution, terre infor-
» tunée, mais chère à tout ce qui est digne
» d'avoir une Patrie, toi que tes enfans ap-
» pellent encore du nom de mère lorsque
» tu les répudies, qui soupirent après le sol
» inhospitalier qui les dévore, combien tu
» as souffert depuis l'atroce Loi de tes dé-
» magogues, qui fit de l'élan naturel du
» Sage vers la paix, un délit digne de l'é-
» chafaud ! Dis-moi, qu'est devenue cette
» turbulente démocratie, que tu as achetée
» au prix de tant de millions d'hommes et

» de tant de milliards ? As-tu conservé, dans
» tes éternelles vicissitudes, un seul de tes
» élémens ? Tes trois Constitutions, sur les-
» quelles tu appelais l'éternité, ont-elles été
» honorées d'un seul lustre d'existence ?
» Comment, lorsque l'urbanité de tes mœurs,
» la magie de tes Arts, te donnaient le sceptre
» volontaire de l'Europe, t'es-tu permis d'em-
» ployer le fer et le feu pour la subjuguer ?
» Tu te trouvais si bien d'être Colombe,
» quel fruit as-tu retiré d'avoir pris les serres
» et la férocité du Vautour ? »

Mon cher Citoyen, vous êtes une brave sentinelle de la Liberté : personne ne dénonce mieux que vous les livres confisqués qui ne peuvent plus se défendre; personne n'expose avec plus d'art les Ecrivains, qu'entoure la considération publique, à *la rigueur nécessaire des Gouvernemens* : continuez a prêcher votre Evangile de Machiavel, et il prospérera. Pour moi, je vous promets un poste plus brillant, et sur-tout plus lucratif, que le mince emploi de coopérateur à une feuille politique qu'on est obligé de donner aux Frères et Amis pour la faire lire. Un Sage, qui s'est fait Prophète, m'a dit à l'oreille que Venise, comme le Phénix, renaîtrait un jour de sa cendre : alors on refera un Livre d'Or, où je vous ferai inscrire en présentant vos titres de Noblesse Littéraire ; car vous descendez sûrement en droite ligne de Zoïle ou d'Archiloque : alors on rétablira, dans toute sa pompe, le Tribunal des Inquisiteurs d'Etat, et j'y ferai organiser, pour vous, une dignité de délateur : je vous recommande, à cette époque, de me faire connaître votre nom individuel ; car si vous vous enveloppez toujours du manteau de la particule *on*, il faudrait créer trop de places nouvelles pour satisfaire votre juste ambition. Les Républiques qui se relèvent, comme celles qui tombent, sont ordinairement pauvres ; il faut conquérir aujourd'hui pour devenir riche, et payer, par ce moyen, une légion honorable de délateurs : mais si vous êtes seul, le Doge et le Conseil des Dix vous assureront une indemnité magnifique, qui aura les chevaux dorés de Lysippe, les tableaux de Solimène, le Bucentaure, et l'Evangile de Saint-Marc pour hypothèque.

Salut à tous les Citoyens Français qui estiment le courage et non les délations, qui aiment la paix et non les libelles.

Ce 15 Novembre 1800.

HYERONYME MOLTO-CURANTE,
Membre du Prégadi de Venise, lorsque Venise était République.

UN THÉATIN CIRCONCIS DONNE DES LUMIÈRES SUR UNE QUESTION DE POLITIQUE QUI EMBARRASSE LES HOMMES D'ÉTAT DE MAUVAISE FOI.

[Le lecteur qui, d'après l'ironie de ce titre, s'attend à trouver dans le chapitre du sel et de la gaieté, sera bien étonné de n'y voir qu'une Logique qui voudrait être sévère, et des maximes qui visent à être profondes : je conseille à l'homme superficiel de passer ce chapitre. Pour moi, qui ai peut-être la maladie des Editeurs, j'avouerai que je sais gré à Candide d'avoir été trompé dans mon attente : d'ailleurs, Montaigne qui, comme tout le monde sait, a fait un chapitre *des Bottes*, où il parle de tout, excepté de l'objet qu'il se propose de traiter, nous a appris à tous jusqu'à quel point on pouvait se jouer de son lecteur, en mettant de la gaieté dans la morale ou de la morale dans la gaieté.]

CEPENDANT rien ne réussissait ni à Candide, ni à Molto-Curante : le premier avait beau écrire des Mémoires forts de Logique, au premier Magistrat d'un Peuple libre, pour faire voyager sans péril la vérité en France, il ne sortait aucun passe-port pour elle des bureaux du Gouvernement ; le second adressait en vain de petits Pamphlets ingénus au *Citoyen Français*, pour faire jouir du droit de cité, dans Paris, le Livre *de la Paix de l'Europe* ; on ne faisait que resserrer d'avantage l'ouvrage proscrit dans les cachots de l'Inquisition Républicaine.

Le respectable Prote d'imprimerie, instruit depuis long-tems de toutes les phases par lesquelles la liberté de la Presse avait passé en France pour arriver au dernier période d'inertie, se mit un jour à disserter devant ses deux nouveaux amis sur ce sujet, qui avait fait vibrer tant de fois toutes les cordes de son entendement : il improvisa et parut faire un livre du bon tems; ce qui est rare de nos jours, où un livre ne semble, d'ordinaire, qu'une faible conversation improvisée. Voici l'analyse que Candide fit du Livre de Frère Giroflée dans sa mémoire :

Le Gouvernement révolutionnaire a péri sur les échafauds qu'il avait élevés; celui de Fructidor est mort de sottise et de vieillesse : mais malgré le bon esprit du régime consulaire, leurs principes perturbateurs se maintiennent encore; ils survivent aux Démagogues, comme les poisons aux Médée et aux Locuste qui en ont imaginé l'usage.

Vous vous plaignez tous deux, l'un de ce que Didot ne veut pas imprimer un livre raisonnable; l'autre de ce que Maradan est puni pour avoir publié, sous la sauve-garde des Lois, un livre qui l'est trop : vous ne savez donc pas que la Politique est ici l'Arche du Seigneur, à laquelle il est expressément défendu de toucher à moins qu'on ne soit Lévite, c'est-à-dire, membre du Gouvernement. Ces Lévites ont une singulière Logique : ils gouvernent en vertu du droit de penser et de manifester sa pensée, droit d'après lequel ils s'honorent de donner des Lois à un Peuple libre; et ils agissent comme si la Politique n'était pas du ressort de la pensée : ils ont consacré le droit de tout dire en administration

tration pour avoir leurs places; et une fois en place, ils ont défendu au génie d'administration de leur donner des lumières.

Mais je voudrais bien savoir de quelle utilité peut être la liberté de la Presse au Peuple qui se dit le plus indépendant du Globe, s'il n'a pas le droit d'émettre sa pensée sur l'objet qui l'intéresse le plus, sur la manière dont on le gouverne. Quelle est donc cette liberté qui consiste à faire circuler les adulations les plus abjectes, et à étouffer les vérités les plus utiles ; à conférer les dignités à l'homme qui vend sa plume à la faction régnante, et à laisser mourir de faim celui qui écrit pour les siècles; à renfermer sous les triples verroux de la Bastille, un livre comme *la Paix de l'Europe*, et à donner la plus grande publicité à des Programmes de fêtes, à des Vaudevilles, à l'ordre du jour, et à des Almanachs !

Non seulement la Politique est du ressort de la liberté de la Presse, mais je prétends qu'elle en forme l'essence : car, au fond, une

Nation qui s'organise ou se régénère, peut ignorer, sans péril, ce que ses Littérateurs pensent ou ne pensent pas sur une Tragédie de Pinto, sur un Oratorio d'Hayden, sur le Voyage de Lalande à une demi-lieue de Paris, dans un aérostat ; mais il lui est très-essentiel de voir discuter, par ses Sages, la grande question de la Souveraineté ; celle des limites de la propriété parmi les Puissances : il lui est essentiel de savoir si l'on peut déférer à un seul homme, le droit terrible d'en mettre en guerre trente millions : il lui est essentiel qu'on ne lui en impose point sur l'ordre de ses finances, sur le caractère d'une police, qui, nulle pour l'homme de bien, n'atteigne que les scélérats et les perturbateurs, sur la responsabilité active de tous les hommes qui sont au gouvernail, responsabilité qui ne peut être illusoire, sans tuer une République.

En un mot, c'est se jouer de la crédulité des Peuples, que d'appuyer la liberté de la Presse sur des arts qui rendent l'homme frivole, et de l'anéantir par rapport aux grands objets d'économie sociale, qui le rendent libre et heureux.

Eh! de qui donc les peuples apprendront-ils les vérités fortes et vigoureuses, qui semblent aussi essentielles à leur existence morale, que l'est à leur existence physique le grand bienfait de la lumière; si ce n'est pas de ce petit nombre de Sages épars sur quelques points isolés d'un vaste Empire; qui, appelés par l'opinion publique aux grandes places, sont condamnés, par un Gouvernement ombrageux ou pervers, à un oubli qui les honore; dont la vengeance consiste à tâcher de rendre meilleur les hommes qui prostituent les places; qui, comme le Soleil, punissent les blasphémateurs en crédit, en les inondant des flots de la lumière ?

On nous dit que c'est au Gouvernement à résoudre les grands problèmes de la politique : les Gouvernemens, quand celui qui les remue n'est point un Marc-Aurèle, un Kien-Long, un Léopold, ou un Fréderic, font ou défont les institutions sociales, d'après les dangers qu'ils peuvent courir ; travaillent pour le jour où ils existent, comme s'il ne devait point avoir de lendemain; s'agitent au lieu d'agir, et ne s'amusent point à résoudre des problèmes.

Voyez comment se sont formés en France, jusqu'au 18 Brumaire, les Gouvernemens qui se disaient libres, parce qu'ils avaient renversé un Trône absolu : une Révolution tombait du firmament sans avoir été lentement mûrie par la sagesse des vues et l'expérience de l'infortune : on se hâtait de substituer des hommes qu'on supposait purs, à des hommes qui avaient évidemment prévariqué ; des Lois qu'on disait tutélaires à des Lois qui pesaient sur la masse des Citoyens: les Chefs pressés, non de faire le bien, mais de jouir, appelaient autour d'eux leurs amis, leurs adulateurs et plus souvent leurs complices : on faisait alors manœuvrer le vaisseau de l'Etat à demi-fracassé sur la mer des tempêtes : on y voguait au hasard, parce qu'on avait perdu la boussole des principes; et content d'avoir évité l'écueil de Scylla, on cinglait à pleines voiles sur celui de Charybde ; toujours ayant la même insouciance sur l'état du ciel ; tous croyant à l'éternité d'une carène qu'il fallait radouber sans cesse, et corrigeant des erreurs de routes, pour arriver par d'autres non moins dangereuses aux mêmes naufrages.

D'ailleurs, pour qu'un Gouvernement ait le droit d'aborder seul, de traiter seul, de décider seul les hautes questions de la Politique, il faudrait que cette Politique fût fondée sur une base indépendante des opinions des hommes ; que, simple dans son principe, elle fût féconde dans ses résultats ; qu'on ne pût en détacher un anneau sans porter atteinte à la chaîne entière : mais quel rapport d'un pareil Evangile aux Codes sans plan et sans ensemble, que les agitateurs ont fait adopter à la France, depuis l'ouverture des Etats-Généraux, jusqu'à l'an dix-huit cents ! Je voudrais bien savoir si la théorie noblement dévastatrice de Mirabeau avait quelque point de contact avec les spéculations atrocement abjectes de Marat ; si la doctrine de Brissot, qui votait la guerre avec tout le monde pour se débarrasser de tous ses rivaux, était celle de Condorcet, qui ne voulait abattre les trônes qu'en respectant les cabanes : je demande si Roland tenait dans ses livres le même langage que Vergniaud à la Tribune; et si les plans de désorganisations publiques sortirent homogènes des têtes du démagogue Danton, du comédien Collot-d'Herbois, ou des tyrans sans génie, qui ont fait le 21 Janvier, le 31 Mai, ou le 18 Fructidor.

Toutes ces variations dans le mode de gouverner ses semblables, démontrent que les prétendus régénérateurs de la France n'ont jamais connu les élémens de la science de gouverner : c'est que l'art de donner la vie ne se diversifie pas comme celui de la ravir; c'est que la Politique de la morale est une, tandis que la Politique des tyrans présente autant de faces qu'il y a dans leurs cœurs de genres de perversité.

Il résulte de l'histoire approfondie des tems

révolutionnaires, que la France, pendant dix ans, n'a point eu de Politique ; ou que, si l'on veut donner ce nom à cet amas indigeste d'institutions éphémères, qui se heurtaient, se calomniaient et se tuaient tour à tour, elle a eu trente-deux Politiques, puisqu'elle a eu trente-deux Gouvernemens.

Il résulte encore que, dans l'effervescence des passions publiques, quand on veut avoir des idées saines sur la vraie Politique sociale, il faut consulter les livres des Sages, et presque jamais les arrêtés de Gouvernement.

Il résulte enfin, que s'il se trouvait un Gouvernement qui osât proclamer la liberté de la Presse, en tenant la Politique dans l'esclavage, il annoncerait, par cette cruelle division, une conjuration contre la pensée humaine, et par contre-coup, appellerait sur lui-même celle qui doit le renverser.

N'oublions jamais que depuis trois cent-cinquante ans que Guttemberg, l'inventeur de l'Imprimerie, a créé en Europe la plus raisonnable des Monarchies, les Peuples ont un mode bien sûr de savoir s'ils ont une Patrie; c'est d'examiner si la Politique est tenue en lisières par le Gouvernement : les Gens de Lettres peuvent-ils s'exprimer, sans compromettre leur courage, sur les erreurs et les crimes de l'administration; la Monarchie la plus absolue est une République : les Représentans du Souverain tracent-ils le cercle de Popilius autour des pensées humaines, de manière que celle qui veille au salut de tous ne puisse sortir de l'enceinte ; affirmez alors sans crainte que la République, qui se dit la plus indépendante, est la plus absolue des Monarchies.

Je sais les objections que l'esprit de lâcheté, toujours honoré dans les Gouvernemens chancelans du nom d'esprit de prudence, peut faire contre cette théorie; mais avant d'y répondre, appliquons un moment les principes que je viens d'exposer au manuscrit de Candide et au Livre de la Paix de l'Europe : si ma méthode n'offre aucune inconvenance, les adversaires de la pensée ne présentent à mes coups qu'une muraille aérienne, que le moindre souffle de la raison suffit pour renverser.

Il n'y a eu aucune censure officielle ni du manuscrit refusé par Didot, ni de l'ouvrage publié par Maradan; aussi, au défaut de dénonciations légales, il faut bien recueillir des bruits, et imiter le martyr de l'Inquisition de Goa, condamné à s'accuser lui-même de tout ce qu'il sait, et de tout ce qu'il ne sait pas, s'il veut sauver sa tête de la hache ou des bûchers du Saint-Office.

On a dit, au sujet du Livre mort avant que de naître, et de celui qu'on a tenté vainement d'étouffer à son berceau, que quelques phrases mal sonnantes (ou plutôt mal interprétées) suffisaient à une Police ombrageuse, pour sévir contre eux. Je doute qu'on admette, dans un régime libre, une maxime pareille, qu'il faudrait encore discuter sous un régime d'esclaves.

D'abord, lorsque le fond d'un Livre est

sans reproche, lorsqu'il part d'une ame profondément pénétrée de la dignité de l'homme, lorsqu'il prêche la paix aux peuples qui gémissent de son absence, lorsqu'il fait marcher d'un pas égal le courage contre l'esprit de perturbation, et la tolérance pour les perturbateurs, je ne vois pas quel mal pourraient opérer quelques phrases mal sonnantes, corrigées par le bon esprit qui les précède, ou qui les suit ; sur-tout quand on propose de les épurer au creuset de la prudence : je voudrais bien savoir quel est l'ouvrage politique, depuis trois cents ans, qui soutiendrait l'épreuve de cette censure de mots et de phrases, sur-tout depuis l'avénement du régime révolutionnaire, qui a interverti toutes les idées primordiales, et d'après lequel l'homme de faction peut faire tour-à-tour de Montesquieu un Marat, et de Marat un Montesquieu.

Ces considérations, déjà très-fortes pour le manuscrit des voyages de la Raison, approuvé par tous ceux qui l'ont lu, excepté aux endroits qui touchaient la corde sen-

sible des factions ; ces considérations, dis-je,
acquièrent un bien plus grand poids encore,
quand on les applique au Livre de la Paix
de l'Europe : en effet, ce dernier ouvrage
n'est point un de ces pamphlets incendiaires
qui, fruits de l'humeur du moment, vont,
sous la forme d'une feuille volante, exaspérer
les esprits, provoquer l'insurrection, et armer
une multitude aveugle contre les Autorités
légitimes ; c'est un traité de droit public,
écrit avec calme dans le silence du cabinet,
procédant, à la manière des Géomètres, par
théorèmes et par corollaires; où l'on a cherché à démontrer la nécessité de la paix, et
à faire sentir à ses ennemis l'intérêt qu'ils
auraient à l'aimer : il faut être initié dans
la Diplomatie des Puffendorff, des Cumber-
land et des Burlamaqui, pour entreprendre
sa lecture : jamais les hommes qui aspirent
à gouverner, n'en feront des brochures de
parti, ni les femmes, qui ne lisent que pour
s'amuser, un livre de boudoir ; mais les amis
de la paix, de la raison et des lumières,
pourront bien, malgré ses imperfections, le
placer un jour à côté du bon Président

Jeannin, du sage Comte d'Avaux et du sévère Mably, dans leur Bibliothèque.

Ajoutons qu'il n'existe plus de corps de délit, même par rapport à ces phrases malsonnantes, quand l'homme de paix, qui a écrit un pareil livre, offre de les modifier; mais d'une manière noble, en ne contrariant ni les idées dominantes, ni sa propre pensée; en ne donnant pas à la vérité une marche rétrograde, comme en ne jetant aucun nuage sur la sagesse bien connue du premier Magistrat de la République.

Enfin, admettons l'hypothèse, qu'il est des momens de crise dans l'ordre social, où l'homme juste doit enchaîner sa langue, briser sa plume et renoncer pour ainsi dire à sa pensée; que dans ces orages politiques, l'unique moyen de sauver la chose publique, est qu'un seul homme fasse entendre sa voix, celui qui est au gouvernail. Eh bien! ma raison me dit qu'alors même on ne peut tirer parti de l'absence momentanée de l'ordre public, qu'en parlant la langue des principes;

comme un Musicien habile ne se permet de dissonnances, que pour faire triompher l'harmonie.

Le principe fondamental, dans toutes les affaires de ce genre, est que quand l'ame de l'Auteur se montre évidemment pure, il n'y a aucune peine légale à décerner contre lui, et encore moins contre son Livre et contre son Libraire ; et que, quant à la peine éventuelle, sollicitée par l'embarras des circonstances, il est d'une justice absolue de l'accompagner de tant de grace, que l'infraction même du droit paraisse une sorte de récompense.

Il n'y a point eu de peine légale décernée contre le Livre *de la Paix*, parce qu'il n'existait point de corps de délit aux yeux de la Loi ; mais si on a pu, par un excès de prudence, que je veux bien ne pas soumettre à l'examen, décerner contre lui une peine éventuelle, celle de la suppression, que devait faire alors un pouvoir tutélaire, qui mettait du prix à l'estime des hommes ?

Un livre est une propriété, et la plus sacrée de toutes ; car elle est le fruit de ce qu'il y a de plus pur dans l'homme, de son intelligence : si donc l'intérêt présumé de l'Etat en exigeait le sacrifice, il semblait convenable aux Représentans d'un Peuple magnanime de la respecter dans le Libraire, en lui achetant les exemplaires qu'il vendait sous la sauve-garde de la Loi, et encore plus dans l'Auteur, en lui assurant, et le prix de son travail, que ce sacrifice lui enlève, et l'indemnité due à son défaut de jouissance.

Le manuscrit de Candide, conçu dans les mêmes vues sages, proscrit par le même esprit désorganisateur, a droit, dans le silence de l'ordre public, aux mêmes indemnités.

Des hommes d'Etat, gens de bien, mais faibles, (ils le sont tous depuis le règne de la terreur) tout en rendant justice à l'excellent esprit, aux vues tutélaires des deux écrits, ont prétendu qu'il fallait restraindre, à leur égard, la liberté de la Presse ; non parce qu'ils blessaient, mais parce qu'ils contrariaient le Gouvernement. Cette nouvelle espèce d'apologie des mesures révolutionnaires a été mise si souvent en usage, depuis dix ans, par la bonne foi, que la Logique peut descendre aujourd'hui à la réfuter.

Qu'entend-on par le délit de contrarier un Gouvernement, quand il est démontré qu'on n'a pas eu la plus légère envie de le renverser ?

Lorsqu'un Ecrivain connu, qui se nomme, se permet de contrarier un Gouvernement qui lui sert de sauve-garde, c'est que ce Gouvernement est faible, ou livré à des maximes dangereuses qui l'égarent : faible, l'homme de Lettres doit tenter de lui donner du ressort ; prêt à s'égarer, il peut marcher devant lui un moment, pour lui montrer la route : je ne vois dans cet essor de la pensée, rien qui n'honore le Sage qui contrarie, et le Gouvernement, qui, pour qu'on le régénère, demande à être contrarié.

Quand Trajan dit à son Préfet du Prétoire,

prends cette épée pour me défendre, si je fais le bien, ou pour me frapper, si j'encours la haine de mes Peuples, il fit bien plus que d'appeler sur sa tête la contrariété : cependant, quel est le Prince ami de l'homme, dont le cœur pur n'a pas tressailli au récit de ce mot sublime ? quel est le Dion-Cassius, qui, tout détracteur qu'il était des vertus Romaines, aurait osé le calomnier au tribunal de l'Histoire ?

Cette épée prétorienne est, pour nos Empires modernes, la liberté de la Presse transportée à la Politique ; les Trajan en arment eux-mêmes les gens de Lettres ; les Tibère la repoussent avec effroi : cette épée protége les bons Princes et les bons principes ; mais elle flétrit au front les tyrans, et en leur permettant de vivre, elle met tôt ou tard leur tyrannie à mort.

Eh ! où serait donc le délit de contrarier avec décence un ordre de choses, que l'opinion publique réprouve ? est-ce que les Gouvernemens, libres, à l'exemple des Gouvernemens

nemens absolus, prétendent avoir atteint, en naissant, le dernier période de la perfection ? est-ce que l'infaillibilité est l'apanage des Trônes républicains, ainsi que celui de la Tiare ? et y a-t-il des Vice-Dieu dans la Politique, comme le Sacerdoce en a créés dans la Religion ?

Il en est de l'opposition politique, comme de l'opposition littéraire qui rehausse le genie, et ne tue que les mauvais ouvrages. Si l'ordre de choses que l'opposition contrarie a ces principes pour base, la contrariété ne sert qu'à le rendre plus robuste encore ; mais si l'administration qui s'en trouve le gardien ne s'appuie que sur le jeu des passions humaines et la raison de l'épée, il faut qu'il se réforme ou qu'il partage la chute du gouvernail qu'il tient embrassé.

Un Gouvernement est contrarié, ou dans l'administration intérieure, ou dans les relations politiques avec les Nations étrangères : quoique le problème présente alors deux faces différentes, c'est avec la même formule qu'on peut le résoudre.

Les vices d'une administration intérieure ne s'apperçoivent d'ordinaire que par l'expérience qui amène les revers ; mais un Gouvernement assez borné ou assez pervers pour se consolider avec des vices, ne revient presque jamais sur ses pas : il faut que l'Ecrivain, dont la plume, comme l'épée de Bayard, est sans reproche, lui offre de bonne heure la lumière ; qu'il le pénètre en tout sens de ses rayons ; qu'il lui annonce l'opinion publique prête à l'atteindre ; et que, sans s'écarter de cette sage circonspection qui sert de passe-port au courage, il montre, dans les délits du jour, la vengeance de l'Histoire.

Ce n'est pas un Gouvernement égaré par système, qui reviendra de lui-même aux principes ; il croirait compromettre sa dignité : il ne sera pas éclairé par les Administrateurs, qui vivent des abus qu'il tolère ; encore moins par cette foule abjecte d'adulateurs qui lui ont vendu leur conscience, pour en obtenir des places, qu'ils ne doivent occuper un moment que pour en dégoûter à jamais les gens de bien : toutes les avenues qui conduisent aux premiers Magistrats sont fermées, sur-tout quand ils ont peur ; et il ne reste à la vérité, pour s'introduire, que la liberté de la Presse, sa compagne fidelle, qui depuis trois cent-cinquante ans est devenue une puissance.

Les erreurs d'un Gouvernement, dans ses rapports avec les étrangers, présentent en apparence plus de difficultés, à cause du secret dont des Cabinets timides se croient obligés d'entourer leurs opérations : ma réponse, à cet égard, est bien simple ; mais pour la faire entendre, il faut appliquer tout de suite mon principe, et je choisis le besoin de la paix, le premier comme le plus saint des devoirs de toute Diplomatie.

A l'approche du Congrès de Lunéville, destiné à pacifier l'Europe, fallait-il éventer les secrets d'un Gouvernement tutélaire ? Contrarier sa marche, quand le succès des négociations était au bout de son épée, n'était-ce pas l'exposer à échouer ?

Cette objection n'acquiert quelque poids, que parce qu'on se suppose le pilote d'un vaisseau chargé d'esclaves, qui, par théorie voguant au hasard, ne mérite pas qu'on lui indique l'état des vents, et qu'on lui mette en main une boussole.

Dans tout Etat libre, exiger un secret sur les affaires publiques, de l'homme de bien isolé à qui on ne le confie pas, est à-la-fois un trait de tyrannie et une absurdité.

Il ne peut y avoir de secret dans une République, où la responsabilité, qui pèse sur les chefs, exige qu'on passe par la filière des Conseils intermédiaires pour que le bien médité s'exécute ; il ne doit point y avoir de secret entre l'homme qui commande et celui qui obéit : car alors ce dernier pourrait soupçonner qu'on conspire, dans l'ombre, sa perte ; il se défierait d'un Gouvernement où

il faut autant de machiavélisme pour protéger
que pour détruire.

Je ne vois pas pourquoi un secret d'homme
d'Etat, deviné par l'homme qui ne l'est pas,
contrarierait un Gouvernement qui veut le
bien ; celui-ci doit être ravi que ses Sages le
pressentent : d'ailleurs, la vérité se présente
à tout être bien organisé qui la cherche de
bonne foi : malheur aux Empires où elle devient un secret entre les mains d'un petit
nombre d'hommes qui le renferment; car un
pareil état de choses annonce la présence du
despotisme, et par-tout où la vérité est obligée
à se taire, il ne peut y avoir de République.

Au reste, il est rare qu'un Gouvernement, quelqu'ombrageux qu'il soit, s'alarme de voir éventer le secret de sa Politique, quand elle est sage; il ne s'effarouche
que quand une plume vertueuse pressent ses
opérations sinistres pour le malheur de la
terre, et qu'analysant le poison, sans indiquer
la main qui le prépare, il en offre sagement
l'antidote : c'est alors qu'il cherche à étouffer

le Livre qui le contrarie, ou à le proscrire lorsqu'il ne peut plus se défendre, appréhendant le courage de l'Ecrivain, à cause de la réserve même qui l'accompagne, et empoisonnant la réserve à cause de son courage.

Je pense donc que les oppresseurs de la pensée appliquent mal le délit de la liberté de la Presse, qui tendrait à compromettre le secret de la Diplomatie.

Dans le principe, la Liberté républicaine n'admet aucun secret, ni dans l'administration intérieure d'un Empire, ni dans ses rapports avec les Peuples qui l'environnent.

Si dans quelques momens de crise politique, un pareil secret peut s'admettre, le délit n'est pas dans l'Ecrivain philantrope qui le ramasse pour le rendre utile au monde, mais dans la diplomatie, qui le laisse échapper.

Si le secret est tutélaire (et ils devraient l'être tous), il est souverainement injuste de proscrire le Livre qui le propage, quand l'Auteur, dans l'opinion publique, a droit à une récompense.

Si le secret, comme il arrive d'ordinaire à ceux qui ne savent gouverner que dans l'ombre, blesse les principes, le Sage n'est pas coupable quand il l'évente, mais l'homme d'Etat quand il en fait une machine de Gouvernement.

Il suit de cette théorie sur le secret, qu'on peut contrarier un système politique dans ses rapports avec les étrangers; parce que l'Ecrivain qui contrarie avec des préjugés ne nuit qu'à lui-même, et que celui qui contrarie avec des principes, tend à pacifier l'Europe, et à améliorer son propre Gouvernement.

Sous quelque point de vue qu'on envisage la proscription des contrariétés littéraires en politique, elle ne peut être admise que dans un système désorganisateur, où l'on conjure pour gouverner, où l'on a besoin des ténèbres palpables de l'enfer de Milton, pour ravir le ciel à la terre, et le bonheur aux hommes.

Mais, diront quelques hommes de bien pusillanimes, si tout le monde a le droit d'écrire sur la Politique, comme les dix-neuf vingtièmes des Sidney ou des Montesquieu de la Révolution sont des esprits faux ou des perturbateurs, nous serons inondés d'ouvrages sans Logique, et, ce qui est d'une bien plus haute importance, d'ouvrages dangereux : alors les Gouvernemens, menés en sens contraire, non par des Lois, mais par des Livres, n'auront plus qu'une marche vacillante; et le monde, échappé au despotisme de l'épée, sera troublé par des paragraphes.

J'ai déjà fait pressentir ma réponse : elle est simple et dans l'entendement de tout homme qui veut replier un moment sa pensée sur elle-même, pour chercher le mode de dire la vérité sur les choses, sans offenser les hommes.

Les Livres sans Logique n'ont point de

poids dans la balance politique du bien et du mal; ils sont destinés à mourir en naissant; et c'est les tirer de l'oubli où leur nature les condamne, que de les appercevoir.

Les Livres dangereux, sur-tout s'ils sont bien écrits, ont une autre influence; mais le danger cesse dès que, par un réglement d'une haute sagesse, on force l'Auteur de tout écrit politique à se nommer; afin qu'en cas de délit, il existe une responsabilité non illusoire devant la Loi.

Pour peu qu'on connaisse l'esprit humain, on sait que cette digue suffit contre le torrent des Livres dangereux : car il est souverainement absurde de croire qu'un Ecrivain, qui se met ouvertement en présence de l'opinion publique, songe à l'égarer; que celui qui a besoin d'être protégé par les Lois, signe, pour ainsi dire, la sentence de leur renversement; qu'il compromette sa gloire, ses propriétés et peut-être sa vie, pour déchirer son pays, et n'acquérir, dans les âges à naître, que l'odieuse renommée d'un perturbateur.

Si le Livre dangereux est évidemment écrit dans des intentions pures, il faut, non le flétrir, ce qui n'annonce que la vengeance peu honorable de la force, mais employer les plumes, qui sont toujours aux gages des Gouvernemens, à le refuter.

Si les vues du membre de l'opposition, sont évidemment nuisibles et perturbatrices, il faut, non proscrire l'Auteur, mais le traduire devant les Tribunaux ordinaires, pour qu'il soit jugé. Toute autre marche n'annonce que la désorganisation de la Politique, le silence des Lois primordiales sur la théorie de la propriété, et la tyrannie des mobiles du Gouvernement.

Il faut dire ici une vérité, que les oppresseurs de la pensée cherchent à voiler à leurs victimes, mais qu'ils tenteraient vainement de se déguiser à eux-mêmes; c'est que l'indépendance des Lettres en Politique les blesse moins parce qu'elle attaque les institutions sociales, que parce qu'elle menace leur propre despotisme : tout système d'opposition leur fait peur en ce qu'il réveille des idées de barrière à la toute-puissance ; ils traitent de délit l'essor insurrectionnel des lumières, non parce que la Patrie en gémit, mais parce qu'ils l'ont épousée.

Cependant le système qui tendrait à anéantir, dans un Etat libre, toute espèce d'opposition, me semble éminemment absurde ; parce que s'il nuit aux droits publics et individuels d'une grande Nation, il attente d'une manière plus manifeste encore à la sûreté du Gouvernement.

Je conçois, sans doute, que lorsqu'un Empire n'a de l'indépendance que le nom, ceux qui le gouvernent ne proclament la République que pour consacrer la Liberté pour eux, et l'esclavage pour tous : mais j'affirme que dans cette hypothèse même, on provoque sur sa tête tous les orages des Révolutions, lorsqu'on ne présente pas à la multitude le simulacre de cette Liberté même, dont on sape avec adresse les fondemens.

Ce simulacre est un système d'opposition, habilement ménagé, qui voilant les progrès du pouvoir arbitraire, fasse croire à l'homme de bien, las des tourmentes politiques, qu'un Gouvernement absolu n'est qu'un Gouvernement robuste ; et qu'on est libre, toutes les fois qu'on ne retire pas volontairement la main à l'approche du despote qui vient la charger de fers.

Tous les habiles Administrateurs des Etats libres ont adopté cette sage politique : ils ont protégé un système d'opposition, qui attestait à tout ce qui est peuple, la déférence pour la Liberté publique : ils savaient assez que des hommages de convention ne prouvent pas la franchise d'un culte ; et qu'on n'est jamais plus près de faire passer la couronne sur sa tête, que quand on la place en cérémonie sur la statue de Junius-Brutus ou de Wasington.

Ainsi se conduisit Périclès dans Athènes indépendante : jamais personne n'avait joui d'un plus grand Empire parmi ses Concitoyens ; il était aussi puissant que Pisistrate, qui avait conquis la tyrannie ; il l'était plus que Codrus, le dernier des Rois qui s'était montré si digne du Trône, en le quittant pour aller mourir : cependant lorsqu'il était assez fort pour opprimer, il cédait aux Lois que personne ne protégeait ; lorsque le fer et l'or étaient dans ses mains, il se laissait destituer par les Assemblées et condamner par l'Aréopage.

Le Patriciat de Rome employa, pendant plusieurs siècles, les mêmes voies, pour consolider son aristocratie : il y avait, dans les mêmes remparts d'où cette Noblesse superbe gouvernait le Monde, un système d'opposition toujours organisé dans le Tribunat, qui pour l'honneur du nom Romain, ne l'était pas uniquement de nom ; dans un Tribunat tellement consacré par la Loi, que la personne des démagogues qui s'en trouvaient revêtus, était plus inviolable que celle du

Pontife de Jupiter, et des premiers Magistrats de la République : lorsque l'opposition languissait, les Patriciens eux-mêmes se faisaient Tribuns ; et c'est par le spectacle de ces luttes, quelquefois perfides et souvent sanglantes, que ces hommes adroits firent croire au Peuple-Roi qu'il était libre, lorsqu'ils l'opprimaient avec leur orgueil, et ce qui était bien plus dangereux, avec leurs vertus.

Cette grande vérité n'est pas moins empreinte dans l'Histoire moderne du peuple le plus essentiellement libre qui existe dans les deux Mondes, des insulaires de la Grande-Bretagne. Depuis l'avènement du Prince d'Orange, époque primitive de l'indépendance politique de cette contrée, il y a eu toujours un système suivi d'opposition, qui a rassuré une nation ombrageuse contre les attentats du Trône. Lorsque cette espèce de Tribunat semble se neutraliser par son adhésion tacite aux principes de la Cour, le parti ministériel paie lui-même un fantôme d'opposition, pour que le nom reste, quand la chose paraît s'anéantir. Cette politique n'est pas à l'abri de toute censure, mais elle offre quelque chose de respectable, en ce qu'elle sert de sauve-garde au Gouvernement contre les entreprises insurrectionelles du Peuple, et de sauve-garde au Peuple contre les délits du Gouvernement.

Si par hasard il se trouvait une République ayant dans son sein un Trône amovible, sans contre-poids, ce Trône aurait un besoin bien plus urgent pour se maintenir, de créer lui-même un parti d'opposition, qui empêcherait la Nation de s'appercevoir qu'un seul homme est tout, et qu'elle-même n'est rien.

Ce parti d'opposition se trouve naturellement dans les Gens de Lettres, sur-tout depuis la découverte à jamais mémorable de l'Imprimerie.

L'opposition alors est pure, parce que l'homme accoutumé à voir l'Histoire derrière lui et la postérité devant ses yeux, ne parle que la langue des principes, à laquelle il faut toujours revenir, quand on a la vertueuse folie de mener l'homme par la morale au bonheur.

L'opposition n'est point dangereuse; parce qu'elle vient d'un homme isolé qui s'adresse à l'homme d'Etat, paisiblement renfermé dans son Cabinet, et non aux passions inflammables de la multitude; et que s'il osait porter le trouble dans un Etat qu'il ne doit qu'éclairer, son nom inscrit à la tête de son Ouvrage, mettrait la Loi vengeresse à portée de l'atteindre.

Je ne me lasserai donc jamais de le répéter aux premiers Magistrats d'une grande Nation qui s'organise lentement par une sage indépendance.

Voulez-vous franchement la République ? créez vous-mêmes une théorie toujours permanente d'opposition; car la Liberté n'existe pas plus sans secousses, que la pureté de l'atmosphère sans orages.

Cherchez-vous dans un Trône républicain une

une Liberté illusoire ? protégez-en encore le fantôme par un parti d'opposition, car sans cela l'orgueil du Trône mettrait trop à découvert le néant de la République.

L'opposition, dans les deux hypothèses, n'existe que dans la liberté de la Presse, surtout lorsque la confiance des peuples a sanctionné l'organisation d'un pouvoir immense sans contre-poids.

Et cette liberté de la Presse doit être essentiellement appliquée à la Politique, ou elle n'est qu'une ironie amère contre les peuples, une de ces Comédies cruelles des anciens Calchas, qui ne couronnaient de fleurs leurs victimes à l'Autel que pour les immoler.

ENTREVUE DE MOLTO-CURANTE ET DE POCO-CURANTE DANS LUNÉVILLE.

Frère Girofflée achevait à peine sa catilinaire contre les oppresseurs de la pensée, qu'une lettre adressée de Venise à Molto-Curante vint, en r'ouvrant son ame à de nouvelles craintes et à de nouvelles espérances, remettre sa philantropie dans toute son activité.

Venise, qui n'avait su, ni rester libre à l'approche de l'Armée Française, ni se façonner à une dépendance tranquille sous la protection de la Maison d'Autriche, s'était permis, depuis sa réunion, quelques mouvemens, qui sont toujours des délits quand le succès ne les accompagne pas. La crainte de la réaction des baïonnettes avait forcé un grand nombre de familles à quitter le sol de leur antique Patrie : et la France, l'asile, sous le régime royal, des Rois détrônés, étant devenue, sous l'ère de la République, celui de tous les Républicains du Globe, avait consenti que les Vénitiens émigrés vécussent dans son sein à l'ombre des Lois consulaires ; à condition qu'ils ne coûteraient rien à l'Etat, qu'ils resteraient sous la surveillance des hommes à écharpes tricolores, et sur-tout qu'on ne les appercevrait pas.

La même lettre annonçait la Paix prochaine de l'Europe, par l'ouverture, définitivement arrêtée, du Congrès de Lunéville.

Candide et Molto-Curante se regardent, se devinent, et abandonnant le soin de leurs affaires à frère Giroflée, partent, dès le lendemain, pour la ville fortunée, qui allait recevoir dans son sein les Plénipotentiaires de l'Europe.

Les deux voyageurs, ainsi que nous avons déjà eu occasion de l'observer, n'étaient rien moins qu'à leur aise : on ne l'est pas, quand

on conserve sa probité au milieu des orages
d'une révolution : ils prirent le parti de faire
la route avec le bâton philosophique de l'Auteur d'Emile, ce qui les obligea à consacrer
quinze jours à faire quatre-vingts lieues.

Ce sera, disait Candide, une assemblée
bien auguste, que celle de tous ces Plénipotentiaires de l'Europe, que l'on convoque au
château du bon Roi Stanislas, pour y traiter
d'une paix générale, digne de la raison du dix-neuvième siècle; d'une paix qui fera une seule
famille des Nations divisées; d'une paix qui
introduira la philantropie dans le terrible droit
de la guerre, en cessant d'entourer de la gloire
le délit des conquêtes.

Molto-Curante mettait moins d'enthousiasme dans ses prophéties; il craignait que
les Puissances dominantes n'envoyassent seules
des Représentans à Lunéville, et que les
autres ne fussent obligées d'attendre en
silence le jugement qui fixerait leurs destinées. Le Westphalien niait avec chaleur ces
résultats; il ne pouvait se persuader qu'on

traitât solidement avec les peuples, en les mutilant au gré des ambitions dominantes ; qu'on pacifiât l'Europe, en renouvelant, sur tous les points de sa surface, la scène héroïquement atroce du démembrement de la Pologne.

Molto-Curante, toujours ferme dans ses idées, s'étonnait que Candide attendît de grands efforts de la Logique des Souverains, qui ne voulaient exister que par le droit de la force. Candide, toujours conséquent dans ses principes, s'étonnait que Molto-Curante appelât du nom de paix générale, l'esclavage raisonné, dont trois ou quatre Puissances dicteraient les Lois à vingt peuples de l'Europe.

Mais, disait l'homme de la nature, il faudra bien que les Rois détrônés et les Républiques anéanties envoient des Ministres de paix, plaider leur cause devant les Conquérans qui ont profité de leur impuissance pour se partager froidement leurs souverainetés.

Mais, répondait l'homme du monde, les Souverains, qui conservent leur épée, ne composent pas plus, d'après les Lois immuables de la Justice, avec ceux qui ont perdu la leur, que le milan avec les colombes dont il a arraché les plumes : ils sont modérés quand ils s'arrêtent au milieu de leurs courses sanglantes : les Poëtes vantent leur grandeur d'ame, lorsque, enrichis des dépouilles du monde, ils laissent la vie à leurs victimes.

L'élève de Pangloss, qui, après quarante ans de malheurs non-mérités, conservait encore dans son entendement quelques traces de la chimère de l'Optimisme, ne pouvait ajouter foi aux pressentimens sinistres du Noble de Venise. Non, disait-il, les Puissances, éclairées par une raison de soixante siècles, ne font pas solemnellement un pas rétrograde vers la barbarie ; ils n'appellent pas à l'harmonie l'Europe entière, pour la désorganiser ; tous les peuples, que le fléau de la Révolution Française a atteints, joueront un rôle actif dans la grande confédération qui se prépare ; ils ne recevront de Lois que du droit des gens, qui fait de l'Univers une grande famille, et nous aurons une seconde paix de Westphalie.

C'est en disputant ainsi que les deux voyageurs, toujours amis, quoique toujours divisés sur les opinions diplomatiques, arrivèrent dans les remparts de Lunéville.

Le premier soin de Candide est de s'informer si les Ambassadeurs de Venise sont arrivés. Nous n'en attendons point, dit un des Architectes chargés de décorer la salle du Congrès. Quoi! il n'y a point ici de Vénitien, ajoute, d'un air ému, Molto-Curante? Pardonnez, lui répond l'Artiste, notre journal en annonce un, d'un âge plus que mûr, qui a été sur le point de mourir en arrivant. Oh! c'est un Ambassadeur, sans doute, s'écrie le bon Westphalien: dans quel appartement du château le Gouverneur l'a-t-il logé? L'Architecte sourit et indiqua dans un faubourg, la plus obscure des auberges.

Nos voyageurs n'ont rien de plus pressé

que d'aller voir, dans le plus mince des réduits, le Vénitien que Molto-Curante suppose un Emigré, et Candide un Ambassadeur. Un valet d'écurie les introduit. Quelle est leur surprise, quand ils apperçoivent, sur un énorme fauteuil de tapisserie, tiré du garde-meuble de l'ancien Duc Léopold, le plus vénérable des vieillards de l'Italie, ce fameux Sénateur Poco-Curante, âgé alors de cent un ans, qui, malgré la pierre philosophale trouvée par son cousin Cornaro, semblait prouver, non par son entendement, mais par ses yeux éteints et son visage cadavereux, qu'il avait oublié de mourir.

Quoi, c'est vous, disait Candide, vous qui m'avez montré votre superbe Bibliothèque, il y a quarante ans, et qui m'en parliez avec toute l'indifférence de la supériorité! Je crois reconnaître l'amant de Cunégonde, répond le vieillard; et son souper célèbre avec six Souverains sans couronnes, me rappelle l'anecdote de la Bibliothèque, quoique au fond, les livres et les Rois, méritent à-peu-près également d'être oubliés.

Molto-Curante prit alors la parole, et parut désirer de se montrer seul en scène avec le centenaire. Candide, qui avait encore plus de politesse que d'amour pour la dispute, ne voulut point contredire son compagnon de voyage ; il descendit tranquillement au parterre, et abandonna aux deux Nobles de Venise les honneurs du Dialogue.

Molto-Curante.

Quoi Poco-Curante respire encore ! c'est un crime de moins que les conquérans de Venise ont à se reprocher.

Poco-Curante.

La vie n'est pas pour moi un grand bienfait, puisque je n'ai à attendre d'elle aucune jouissance : d'un autre côté, la mort est un mal, et je ne vois aucune bonne raison pour l'accélérer; je laisse donc agir la Nature, trop indifférent pour appeler le grand sommeil ou pour le craindre.

Molto-Curante.

Vous ne vous attendiez guères à vous voir, à cent un ans, exilé de votre ville natale, que vous avez tant contribué à maintenir debout, et où vos longs services rendront un jour votre mémoire respectable aux ennemis mêmes de notre antique République.

Poco-Curante.

Cent et un ans d'existence m'ont appris à ne donner qu'une valeur d'opinion aux biens fugitifs que la Nature promet bien plutôt qu'elle ne les procure : est-il donc si pénible d'émigrer d'une ville, quand on est sur le point d'émigrer de la vie ? et devenu désormais un fardeau fait pour peser sur tous les points de la surface du Globe, qu'importe que ma cendre repose sur une lagune de la mer Adriatique, dans la ville du Roi Stanislas, ou sur une plage inconnue des Terres Australes ?

Molto-Curante.

Mais du moins vous êtes douloureusement affecté de l'idée de traîner vos pas errants loin de la Patrie, avec le regret de lui avoir survécu. J'avoue que j'en serais écrasé, moi qui ai hérité de mes pères une ame citoyenne; moi, qui m'honore d'exister pour Venise libre, avant d'exister pour moi; et qui serais tenté de regarder comme une mort lente, tout l'intervalle de tems que je laisse écouler sans réparer ses ruines, ou sans la venger.

Poco-Curante.

La Patrie fut l'idole de ma jeunesse, et l'objet du culte raisonné de mon âge mûr: mais alors elle existait pour moi; je pouvais la servir comme elle pouvait m'avouer; et le plaisir que me procurait cette première des vertus publiques, n'était pas une vaine réminiscence.

Maintenant que Venise, subjuguée en vingt-quatre heures, et cédée à un maître sans être honorée du plus léger murmure de l'Europe, n'occupe plus de place que dans l'Histoire, la Patrie pour moi a cessé d'être ; dix siècles la séparent de ses meilleurs Citoyens ; elle ne tourmente pas plus ma pensée, que l'idée de la Rome des Cincinnatus et des Scipion ne tourmente les Moines paisibles qui desservent les Eglises du Capitole.

Venise est devenue, en quelques jours, un patrimoine aussi sacré pour la Maison d'Autriche, que les Couronnes de Bohême et de Hongrie. Les hommes de guerre allèguent, en faveur du nouveau Souverain, le droit de conquête ; l'astutieuse Diplomatie, le droit non moins étrange de bienséance : l'être faible qui veut la paix, sans la mériter, va plus loin encore ; il prétend que ce démembrement de l'Italie, tout immoral qu'il est, semble nécessaire au nouvel équilibre de l'Europe ; ainsi, la cause de ce que vous appelez la Patrie, est jugée, en dernier ressort, par la force : cette Patrie est morte à jamais pour nous, et je n'userai pas les débris de mon entendement à la rappeler à ma mémoire, quand tout me dit de l'oublier.

Molto-Curante.

Votre insouciance contredit ma Logique, mais ne la réduit point au silence. Venise, je le sais, n'est plus que l'ombre d'elle-même : mais qui nous dit que dans ce moment d'agitation politique, où tous les corps comprimés reprennent leur ressort, cette République ne renaîtra pas de sa cendre ? Tous les esprits gravitent vers la paix, comme les mondes de Newton vers le soleil de leur système : on veut cette paix pure, on la veut solide, on veut que la morale éternelle lui serve de garantie : voilà bien des élémens pour amener notre Patrie à une résurrection.

Poco-Curante.

Molto-Curante est donc assez ami des illusions, pour croire à la paix de l'Europe ?

Molto-Curante.

Poco-Curante est donc assez ennemi de lui-même pour la rejeter ?

Poco-Curante.

Votre imagination est trop jeune, pour croire légitimement à une paix qui concilie l'Europe avec elle-même, et l'Europe est trop vieille pour l'adopter.

Molto-Curante.

Vous y avez cependant cru, à cette paix, puisque je vous vois dans la ville où les Puissances vont la conclure.

Poco-Curante.

C'est une erreur de votre philantropie. Lorsqu'émigrant de Venise, j'entrai au port de Marseille, on me demanda quelle ville de France je choisissais pour asile : je répondis que c'était celle où l'on pouvait mourir en paix : on me cita celles où la peste de la révolution avait le moins exercé ses ravages, et je choisis Lunéville.

Molto-Curante.

Pour moi, né avec une ame de feu, je la porte sur tous les objets de bien public, où elle peut se déployer : j'ai douté long-tems, comme vous, que l'esprit humain fût assez mûr en Europe, pour travailler de bonne foi à une paix générale; mais j'ai appris, d'une manière officielle, que les Plénipotentiaires du Congrès allaient se rassembler, et j'ai accouru ici : j'aurais été à la nouvelle Zélande, si les apôtres du premier des Evangiles, de celui de la paix, avaient été en poser les bases sous les huttes de cette île australe où l'on mange les hommes.

Poco-Curante.

Hé bien, vous n'aurez pas la paix pure et solide que vous désirez; et j'en suis fâché pour les Monarchies et les Républiques de cette belle partie du Globe, qui avaient encore quelques décades d'années à briller dans les fastes de l'Histoire.

MOLTO-CURANTE.

Eh ! pourquoi, homme cruel, n'aurions-nous pas cette paix philosophique que tous les peuples appellent par leurs vœux, et les Souverains par leurs manifestes ?

POCO-CURANTE.

Pourquoi ? parce qu'elle ne peut se faire sans de grands sacrifices, et que les hommes heureux n'en font jamais.

MOLTO-CURANTE.

Eh ! qui est-ce qui est heureux maintenant ? sont-ce les Rois héréditaires qu'on détrône ? sont-ce les Rois amovibles dont on proscrit la tête ?

POCO-CURANTE.

Tous ces Rois se croient éternels ; c'est la toute-puissance dont ils jouissent qui leur
garantit

garantit cette éternité : sans cette foi des Rois couronnés ou sans couronnes, aucun d'eux ne voudrait le devenir.

Molto-Curante.

Mais quels sont les sacrifices que demande votre Excellence, et que toutes les Majestés de l'Europe s'accordent à refuser.

Poco-Curante.

Il s'agit de rendre de toute part ce qu'on a pris, ou d'indemniser : car enfin la paix ne suppose pas la prolongation de l'état de guerre; et si l'épée continue à faire la Loi, si la fortune des armes remplace la morale, je ne vois pas en quoi un traité de Diplomates diffère d'une capitulation de brigands, où l'on appelle a ses genoux quelques malheureux désarmés, pour se partager en cérémonie leurs dépouilles.

Molto-Curante.

Votre misanthropie juge un peu sévèrement

les Puissances dominantes : elles ont pris l'attitude du commandement, mais elles ne commanderont pas avec tyrannie ; leur théorie semble suspecte de machiavélisme, mais leur ame sera ouverte à la générosité : d'ailleurs, les Représentans de tous les Souverains ont droit au Congrès, et si quelques-uns d'eux affectaient la toute-puissance, l'Europe sera là pour les juger.

Poco-Curante.

Molto-Curante se berce d'une espérance vaine : d'après le système actuel de la Diplomatie, l'Europe ne se rendra jamais à Lunéville.

Molto-Curante.

On croit ici le contraire : déjà le Plénipotentiaire de l'Empereur est arrivé, et demain on attend, au Château, la Légation Française.

Poco-Curante.

Je le sais, quoique je ne l'aie pas

demandé, et le Congrès pour la paix de l'Europe ne m'en paraît pas moins une fable convenue entre les grands Diplomates.

Dites-moi : croyez-vous que les Plénipotentiaires de la France et de la Maison d'Autriche représentent l'Espagne, les Couronnes du Nord, et l'Empire Ottoman ?

MOLTO-CURANTE.

Je ne le pense pas : ils ne peuvent stipuler pour les Souverains, puisqu'ils n'en ont pas reçu les pleins-pouvoirs.

POCO-CURANTE.

Croyez-vous qu'ils représentent l'Avoyer de Berne, le Doge de Venise, le Duc de Modène, le Stathouder de Hollande, le Grand Duc de Toscane, le Pontife de Rome et le Roi de Sardaigne ?

MOLTO-CURANTE.

Non sans doute : les intérêts des Souverains

qui ne sont plus, ne se confient guères aux Puissances qui les détrônent.

POCO-CURANTE.

Croyez-vous enfin que les deux Ministres qui vont ouvrir leurs séances dans Lunéville, représentent la dominatrice des mers dans les deux Mondes, la République Royale de la Grande-Bretagne ?

MOLTO-CURANTE.

Encore moins : car si elle descendait à se faire ainsi représenter, elle trahirait le secret de sa faiblesse; et nous n'aurions pas besoin d'un Congrès pour donner la paix à l'Europe.

POCO-CURANTE.

Vous voilà arrivé, sans le vouloir, au premier anneau de mon système de Diplomatie. L'Europe entière a été secouée médiatement ou immédiatement par la Révolution Française; et du moment que tous ses Souverains ne sont pas appelés au Congrès qui doit redresser tous les torts, et réparer, du moins autant qu'il est possible, tous les malheurs, il n'y a plus de vraie paix à espérer pour l'Europe.

Molto-Curante.

Je serais moins sévère, il me semble, et je crois vous avoir déjà fait pressentir, il y a un moment, ma pensée : il me semble, dis-je, que la partie de l'Europe qui souffre, peut confier ses intérêts à la Puissance qui, par sa grandeur d'ame, peut gémir sur les maux qu'elle a faits, et par son crédit immense les réparer : les peuples, comme les individus, doivent leur retour au sentiment de leur dignité, à la confiance dont on les environne ; ils se piquent d'être généreux, quand ils voient l'ennemi dont ils triomphent, croire à leur générosité.

Poco-Curante.

Je crois aux prodiges de la Chevalerie,

mais seulement quand ce sont des individus qui les exécutent : j'ignore s'il peut y avoir, dans notre Europe dégénérée, des La Tremouille, des Du Guesclin et des Bayard ; mais je doute que leur ame respire dans ces grandes masses d'êtres passifs qu'on appelle des Peuples, ou dans ces petites Aristocraties d'hommes d'Etat, que l'on nomme des Gouvernemens. Si Rome République, qui avait conquis toutes les gloires, avait aspiré à celle de la générosité, Athènes, Corynthe et Carthage seraient peut-être encore debout ; si la France savait faire des heureux comme elle sait vaincre, Venise serait encore à ses Doges, la Hollande à ses Stathouders, et l'Helvétie à elle-même.

L'art de faire la paix n'est dans notre Europe moderne, que l'art de s'agrandir sans violer trop ouvertement les bienséances ; et sous ce point de vue la Diplomatie semble un mensonge continuel à la générosité.

D'ailleurs, les Puissances dominantes ont introduit depuis long-tems, pour elles, une espèce de droit public, qui tient peu des élémens de l'antique Chevalerie : ce droit dérive du principe Musulman, que les Nations étant dans un état perpétuel de minorité, ceux qui les gouvernent peuvent bien étendre les limites du territoire, mais non pas le circonscrire : de là il suit que si le machiavélisme ou la conquête ont conduit un Etat dominateur aux bornes du Monde, la paix doit l'y laisser : le Dieu Terme des Romains a été porté alors aux Colonnes d'Hercule, et on ne peut le déplacer sans sacrilége.

Un seul grand exemple de Chevalerie a été donné, dans la lie de nos tems modernes, non-seulement par une Puissance dominatrice, mais encore par la réunion de toutes les Puissances de l'Europe; c'est à l'époque du traité de Westphalie : alors les Plénipotentiaires ont imaginé le beau chapitre de *la satisfaction des Couronnes*; alors les griefs du faible contre le fort ont été redressés; on a réparé les désastres d'une guerre de trente ans, et l'Europe, pour la première fois, a pressenti qu'elle pouvait être heureuse par un traité presque tout en sacrifices.

Aujourd'hui, les grandes Puissances semblent se prononcer contre la belle théorie qui tend a faire rentrer dans leur ancien lit, cette foule de ruisseaux que deux ou trois grands fleuves se sont appropriés : elles font bien pis que de ne pas adopter cette paix de cent quarante ans, qui a tant honoré le génie des Davaux et des Oxenstiern ; elles la persécutent dans les livres qui la défendent; elles la calomnient dans leurs manifestes : je crois voir les Athées de la Politique, qui nient l'existence du Ciel, parce que leurs yeux ternes, et sans principes de vie, ne sauraient l'atteindre dans son immensité.

C'est à cette série de mauvais raisonnemens et d'actions immorales, a ce spectacle longtems prolongé d'erreurs et de délits, que je dois d'avoir persévéré un siècle dans l'heureuse insouciance que je tiens de la Nature : voilà pourquoi je crains que la paix, j'entends ma paix philosophique, ne vienne pas.

plus à l'Europe par Lunéville, que par la Babylone Africaine de Houssa, ou par Macao: voila pourquoi quand on a pesé, pendant près de cent ans, la rêverie sur la régénération humaine, il doit être à-peu-près indifférent de vivre ou de mourir.

Molto-Curante.

Ce qui vous rend indifférent aux grandes secousses du monde politique est précisément ce qui redouble mon activité; je suis curieux de savoir comment tant d'intérêts qui se croisent, peuvent aboutir à un centre commun; si le drame à jamais mémorable de la Révolution Française aura une dernière scène, et de quelle manière il se dénouera.

Poco-Curante.

J'aurai vécu, quand la longue tragédie dont vous me parlez sera à son second acte : mais s'il est permis à ma longue expérience des hommes et des choses de suppléer, par des probabilités philophiques, à une absurde connaissance de l'avenir, je vous annoncerai ce que deviendra le petit épisode du congrès de Lunéville.

Il y aura un traité entre la République Française et la Maison d'Autriche, et ce traité est fait depuis long-tems; c'est le pacte de Léoben, modifié à Campo-Formio; devenu un peu plus onéreux pour le vaincu à la cession d'Ulm, de Philisbourg et d'Ingolstat; et accompagné récemment de nouveaux sacrifices, à l'époque de l'évacuation du Tyrol. L'Empereur élude sans cesse, et avec quelque raison, une paix qui l'humilie, et il ne la signera définitivement que quand l'ennemi, menaçant de se montrer aux portes de Vienne, lui montrera en perspective le sort de Jugurtha, ou du Persée de la Macédoine.

Cette paix partielle entraînera, dirai-je la tranquillité, dirai-je l'esclavage raisonné de l'Allemagne.

L'Allemagne pacifiée en apparence, il faudra bien que l'Italie, morcelée en petites puissances, qui, comme le Sénat de Tibère, n'attendent que le coup-d'œil d'un maître pour aller au devant de leur esclavage, adopte sans murmure les Lois que lui imposeront la Chancellerie de Vienne et l'épée de Bonaparte : ce ne seront pas le Prince de Modène, le Grand Duc de Toscane et le Roi de Sardaigne, tous détrônés, qui mettront des poids dans la nouvelle balance politique; ni l'Infant de Parme que la reconnaissance Française veut faire Roi ; encore moins le Grand Pontife de Rome, exilé pour ainsi dire dans sa Capitale, qui n'a plus d'autre trésor que ses indulgences et les clefs de Saint-Pierre, pour s'ouvrir les portes des villes de son patrimoine, arrachées à sa souveraineté : l'Italie subira donc le joug ; et on appellera amour de la concorde, sa déférence à la force ; et indépendance, son inertie raisonnée entre deux Etats dominateurs, qui brulent de se partager ses dépouilles.

Je vais plus loin, et il pourrait se faire que cette ombre de paix continentale amenât une trève maritime, et que la crainte d'une coalition, qui fermerait à la Grande-Bretagne les ports de l'Europe, l'appréhension bien plus fondée de voir quelque nouvel Agathocle descendre sur son territoire, ne fit plier l'orgueil de cette seconde Carthage, jusqu'à demander à une autre Rome une paix de circonstances. Mais tout cela ne constitue point une véritable paix ; céder ses droits n'est point stipuler ses intérêts : je ne vois dans la fausse tranquillité de l'Europe, après la cérémonie futile du Congrès qui la pacifie, que le sommeil de lassitude d'Etéocle et de Polynice, sur le champ de bataille, dont ils sortent bientôt pour achever de s'égorger.

L'Europe, dans cet état d'affaissement, que vous honorez du nom de Liberté, sera tourmentée par des souvenirs : les souvenirs sont la leçon vivante des Peuples et des Rois. Ces derniers se souviendront qu'il y a dix ans, ils régnaient ; et qu'aujourd'hui ils ne sont, pour la plupart, que les esclaves couronnés d'une République. Tous les peuples, qui ont pris part au grand déchirement de la Politique, se rappelleront qu'avant la Révolution Française, qui les a désorganisés, ils payaient la moitié moins d'impôts ; qu'ils étaient dix fois plus libres ; qu'ils ne connaissaient point les trois épouvantables fléaux de la réquisition, de la conscription militaire et de la levée en masse. Tous ces tableaux, d'une félicité qui n'est plus, parleront tôt ou tard à l'imagination universelle : alors, ou il s'élevera une guerre à mort entre l'ordre de choses qui est et les débris de celui qu'on regrette, ou bien les gouvernans s'uniront avec les gouvernés pour légitimer leurs droits : il en résultera une insurrection générale contre le système qui fait du Monde un vaste échiquier, où les États paraissent et disparaissent tour-à-tour, suivant le bon plaisir de quelques joueurs heureux : on rendra, autant qu'il sera possible, aux grandes Sociétés d'hommes, ce qu'elles possédaient avant une guerre révolutionnaire qui n'aurait jamais dû commencer ; et une paix, fondée sur la Morale, fera, pendant quelque tems, de la plus brillante partie du Globe, une seule famille.

Molto-Curante.

J'adopte votre dernière prophétie, et elle me rend plus enthousiaste du bien public, plus philantrope que jamais.

Poco-Curante.

Pour moi, je crois un peu plus à la première, parce que l'esprit humain n'est pas encore assez mûr, pour que les gouvernans fassent ce qu'ils doivent et les gouvernés ce qu'ils veulent. Ainsi il est probable que vous aurez en Europe, avant cinq ans, une guerre d'extermination : et peu m'importe, car je vais mourir.

CANDIDE ÉTUDIE, SUR DES TÊTES ROYALES, LES JEUX DE LA FORTUNE.

Au sortir de cet entretien avec le plus vénérable des centenaires, Molto-Curante se mit à parcourir, avec Candide, les beautés arides et sauvages du parc si long-tems enchanté de Lunéville : le premier objet qui se présente à ses yeux est un vieillard de la figure la plus noble, cherchant en vain à cacher ses cheveux blancs sous une bure abjecte, qui dégrade moins sa personne qu'elle ne trahit l'éclat de son ancienne fortune : un mouvement involontaire de surprise leur échappe à tous deux : Quoi ! c'est votre Altesse ! dit l'un. — C'est votre Excellence ! dit l'autre. — Candide, accourez, prosternez-vous devant le Doge de Venise. — Parlez bas : je ne suis qu'un

Doge détrôné : je voudrais me cacher à toute la terre, et sur-tout à moi-même. —

Candide, quand il passa le carnaval à Venise, quarante ans auparavant, avait vu le Doge dans la double pompe de son couronnement et de son mariage avec la mer Adriatique : ce contraste, avec l'état malheureux où se montrait un de ses successeurs, le fit rêver un moment ; et bientôt se retournant vers Molto-Curante, Ce n'était pas la peine, lui dit-il à voix basse, de donner, avec une magnificence royale, l'anneau conjugal à une fille de la Méditerranée, pour offrir ensuite les haillons d'un martyr de la Révolution Française, dans un faubourg de Lunéville.

Il y avait dans le parc de l'ancien château de Stanislas, un certain nombre de ruines éparses, auxquelles il ne manquait que d'être réunies dans un goût pittoresque, pour présenter le tableau des jardins Anglais de Kent ou d'Ermenonville. Ces ruines, dit le Sénateur de Venise, ne sont que le résultat d'un vandalisme

vandalisme systématique qui n'a cessé de peser sur la France, depuis la chute de son Trône : ce sont celles des Temples de Paris, qu'on a abattus, pour le seul plaisir d'abattre, sans qu'on pût tirer de la vente des débris, de quoi payer les frais du renversement; ce sont celles des douze Palais du Soleil, dont Marly s'honora long-tems, et sous lesquelles on a cru anéantir l'immortalité de ce Louis XIV, destinée à écraser tous les Souverains populaires qui l'ont remplacé; ce sont enfin celles des tombeaux des grands Rois de la France et de ses hommes célèbres, comme si leurs proscripteurs avaient voulu leur faire partager le néant de leur intelligence. Toute cette théorie de destruction est le comble de l'absurdité pour les Gouvernemens qui en font usage : car enfin, on ne régénère pas ses principes de vie en maniant sans cesse des instrumens de mort; on ne repose pas sous des amas de ruines, sans courir le risque d'en être écrasé.

Les ruines du parc de Lunéville, dit le vieux Doge, sont un peu plus habitables que vos Temples Parisiens, vos Palais du Soleil, et vos Tombeaux de Saint-Denis : venez et voyez.

Les deux Vénitiens et le bon bâtard de la Westphalie entrent en ce moment dans une espèce de hutte circulaire de sept pieds de diamètre, qui ne différait de celle des sauvages que parce qu'il y avait cinq colonnes tronquées et inégales s'élevant à hauteur d'appui, et que de leur sommet mal affermi, partaient des poutres autrefois peintes et dorées, qui se terminaient en pointe de cône, pour soutenir le toit couvert de chaume, qui menaçait, de tout côté, de s'entr'ouvrir. Candide, en entrant dans cette masure décorée, fit un mouvement involontaire pour soutenir, de sa main, une poutre chancelante qui menaçait sa tête. Voilà, dit le Doge, la demeure d'un Monarque Républicain, dont les ancêtres se créèrent une Patrie au sein de l'Océan, et la firent respecter aux deux Mondes. Molto-Curante sourit de dédain, et Candide, par respect, détourna la tête, pour ne point compromettre, par un doute offensant, la dignité de son Altesse Sérénissime.

A deux cents pas de la hutte commençait le territoire d'une autre souveraineté. C'était un jardin en compartimens, dont la moitié des corbeilles était hérissée de ronces, et l'autre couverte de fleurs sauvages : une fontaine, qui avait oublié son onde, désignait son antique existence par les canaux d'une odeur fétide, où elle avait séjourné : vers le milieu, une chapelle, entourée de peupliers, sans porte et sans fenêtres, attestait, par une croix de fer rouillé, substituée à une girouette, qu'elle avait été consacrée au Christ, plutôt qu'à Foë, ou à Sammonocodom. Voilà, dit l'ex-Doge, l'apanage d'un Pontife vénérable, qui jadis détrônait les Rois avec une clef d'or, aussi facilement que le fait aujourd'hui Bonaparte avec son épée. Molto-Curante se mit à sourire avec encore plus d'énergie, et Candide fut obligé de lui presser la main pour le rappeler au respect envers un Souverain qui montait le

Bucentaure et recevait la foi conjugale de la mer Adriatique.

Non loin de la Chapelle Pontificale se trouvaient les restes un peu moins dégradés d'un kiosque, bâti par le Roi Stanislas : la forme de sa structure, assez analogue à celle d'une de nos plantes indigènes, lui avait fait donner le nom de *Trèfle*. La main de fer du vandalisme ne semblait avoir exercé dans l'intérieur de ce petit édifice, que de demi-ravages : les fenêtres étaient à leurs places, mais sans vitres ; la porte roulait sur ses gonds, mais sans serrures ; un cordon d'armoiries chargées de fleurs de lys et surmontées de couronnes, régnait encore, il y a dix ans, autour du ceintre du grand sallon ; on y avait substitué, au détrônement de Louis XVI, des têtes de morts et des échafauds. A tout prendre, il y avait de quoi remercier les Busiris révolutionnaires de 1793, encore plus qu'à gémir ; car il faut tenir compte au génie de la destruction de tout le mal qu'il ne fait pas, quand il a la toute-puissance.

Le Trèfle n'était pas tout-à-fait aban-

donné aux hirondelles et aux chauve-souris.
Candide et les deux Vénitiens y rencontrè-
rent un homme d'une figure distinguée, qui,
à leur approche, s'empressa de croiser une
redingote en lambeaux, pour cacher les
deux cordons du Saint-Esprit et de la Toison
d'Or, dont il était revêtu : revenu de son
trouble sur un signe du Doge détrôné, Vous
voyez, dit-il, le Représentant d'un des premiers Monarques du Globe, qui pouvait
influer sur les destinées de l'Europe, et qui
n'a plus que des souvenirs; dont une foule
de palais attestaient la magnificence, et qui,
errant en fugitif d'asile en asile, trouve à
peine quelquefois une vile chaumière pour
reposer sa tête : je viens plaider sa cause,
sans aucun espoir de me faire entendre;
présenter aux Romains Marius assis sur les
ruines de Carthage, sans me flatter d'émou-
voir leur sensibilité. Eh ! quoi, la force est-
elle devenue la seule Logique d'un peuple
qui a eu le plus beau des siècles de la raison ?
et cette justice, qu'on invoque sans cesse
entre les individus d'un grand Empire, cesse-
t-elle de l'être, quand cet Empire se trouve

en présence d'un infortuné, que sa naissance a condamné à être Roi ?

Ces paroles sortaient avec peine, moins de la bouche que du cœur de l'inconnu. Le Doge, qui craignait les suites de son émotion, le prit par la main, et l'emmena en silence hors du kiosque : alors les quatre étrangers prirent ensemble la route de la grande avenue qui termine le parc de Lunéville ; et Molto-Curante disait à Candide : La folie de mon Doge, qui voit dans toutes ces ruines des Princes détrônés, n'est pas sans intérêt pour ma philantropie. Et moi, ajoutait Candide à Molto-Curante, j'aime sur-tout ce Roi du kiosque que tout le monde condamne, et que personne ne veut juger.

Vous ne devineriez jamais, dit son Altesse Républicaine, où je veux vous conduire : c'est à un Congrès. Vous voyez, dans l'éloignement, cet édifice d'assez grande apparence, qui borne l'horizon ; c'est là que se dirigent nos pas : cet édifice est l'ouvrage d'un Prince Charles de Lorraine, qui en donna le dessein et dirigea son exécution : quand il fut à-peu-près terminé on invita Stanislas et sa Cour à y honorer une fête de leur présence; c'est alors qu'on s'apperçut que le château était sans porte : sa Majesté Polonaise, qui avait de l'embonpoint comme un Monarque de l'Orient, ne voulut point entrer dans une salle de plein-pied, par la fenêtre, et la fête fut renvoyée.

Je ne sais, dit Candide en lui-même, mais le choix de cet édifice du Prince Charles pour parler de paix, ne me semble pas d'un bon augure : les Plénipotentiaires n'y commenceront pas plus leur grand ouvrage, que Stanislas sa fête; et une maison sans porte me présage un Congrès sans ouverture.

CONGRÈS DES SOUVERAINS DÉTRÔNÉS.

La nuit commençait à rembrunir l'horizon de Lunéville, lorsque les deux Italiens, le Français émigré et le bâtard de Westphalie, arrivèrent à la maison sans portes du Prince Charles. La nuit convenait parfaitement à la célébration des mystères clandestins de la nouvelle Diplomatie : le malheur, ainsi que le crime, évitent la lumière ; le dernier cherche à dérober à tous les regards les abus de la force ; l'autre tente de se voiler à lui-même les résultats de son impuissance ou de sa faiblesse.

Les quatre infortunés entrèrent par un perron en ruines, adossé contre une fenêtre basse, dans un sallon octogone tapissé d'un crêpe lugubre; offrant, au ceintre, le tableau du Vésuve en éruption, et éclairé dans l'intérieur par des espèces de lampes sépulcrales. Candide crut un moment qu'on l'introduisait dans le vestibule de l'enfer du Dante ; mais le Doge le rassura en lui disant que c'était la salle du congrès. Vous m'étonnez, répond l'époux de Cunégonde, je pensais que la France lui avait destiné un appartement du château. Vous avez raison, ajoute le Vénitien détrôné ; mais si les vainqueurs s'assemblent pour consolider leurs triomphes, pourquoi les vaincus ne s'assembleraient-ils pas aussi pour alléger leur défaite ? Le malheur n'aurait-il pas, comme la puissance, le droit d'avoir ses Plénipotentiaires ?

Pendant ce dialogue le Congrès commençait à se former ; déjà le président était sur son fauteuil : c'était ce Baron de Honspech, dernier Grand Maître de Malte, dont l'Ordre, après avoir bravé, pendant plusieurs siècles, toutes les forces de l'Empire Ottoman, était venu s'anéantir en vingt-quatre heures devant l'épée de Bonaparte. Candide demanda quels étaient les secrétaires qu'il voyait siéger au bureau. Ce ne sont pas des hommes vulgaires, dit Molto-Curante : l'un est François d'Est, dont la Maison possède, depuis sept cents ans, le Duché de Modène avec la principauté de Reggio, et qu'on accuse dans Paris de briguer en ce moment dans la Souabe un petit Comté de Brisgaw ; l'autre est le Grand Duc de Toscane, beau-frère de l'Empereur, allié de toutes les têtes couronnées de l'Europe, et qui se verrait sans apanage, si l'on ne morcelait en ce moment quelque Electorat Ecclésiastique, ou quelque Evêché de Westphalie.

Cependant tous les Souverains détrônés arrivaient en foule, soit en personne, soit par leurs représentans : c'étaient un Doge de Gênes, maudissant la République Ligurienne ; divers Avoyers des treize Cantons, souriant avec dédain sur le fantôme de la Liberté Helvétique ; le Stathouder de Hollande, regardant, avec un stoïcisme à demi-Epicurien, la perte de sa toute-puissance dans une partie des trois Mondes, mais regrettant la conquête de son cabinet d'Histoire naturelle ; abandonnant à leur destinée plusieurs millions d'hommes, mais soupirant sur la déportation de ses girafes et de ses rhinocéros.

Voyez à gauche, dit l'ex-Doge, tous ces Princes-Etats ou sans Etats, ces Altesses Sérénissimes ou sans Sérénité, qui viennent, de tous les points de la Belgique, de l'Italie ou de l'Allemagne, réclamer contre la gloire des Armes Françaises qui les écrase; voyez sur-tout ces petits Souverains de la rive gauche du Rhin, toujours neutres ou alliés de leurs ennemis naturels pendant la guerre, qu'on a punis, par la perte de leurs Etats, du délit, non d'avoir offensé la grande République, mais de s'être trouvés placés par la nature trop près d'elle. Mais, dit Candide, si c'est un délit aux vaincus d'avoir été trop près du vainqueur, c'en est un aussi au vainqueur d'avoir été trop près du vaincu : voilà un axiome en Logique, ou il n'y a point de Logique.

Il s'agit bien de Logique, dit Molto-Curante, quand on organise le monde avec des baïonnettes : le droit ici ne consiste pas à être juste, mais à être fort. Il ne faut pas plus accuser l'être puissant de dépouiller l'être faible qui l'avoisine, que le feu de dévorer tout ce qui se trouve dans sa sphère d'activité : malheur par-tout à la colombe qui n'a que des plumes, et gloire soit à qui possède le bec tranchant de l'aigle et les serres du vautour !

Candide, voyant à la place la plus éminente de la salle une foule de Prélats, de riches Abbés et même quelques Electeurs Ecclésiastiques, demanda si la maison sans portes était aussi destinée à tenir un Concile. Les Conciles, lui dit le Cordon-Bleu du Trèfle, sont passés de mode ; ce sont aujourd'hui les Conseils de guerre qui les remplacent : on tient des Conseils de guerre dans les villes, contre des hommes suspects, qui seraient protégés, au nom de la Loi, par les Tribunaux ; on en tient, dans les camps, contre les Princes à demi-détrônés, qu'on veut mettre au ban de l'Europe : c'est une merveilleuse chose qu'un Conseil de guerre ;

il répond à tout, par la seule raison qu'il est Conseil de guerre, comme le Roi des animaux, dans l'apologue, parce qu'il s'appelle Lion.

A la tête du banc de l'Eglise se trouvait le Cardinal Maury, Réprésentant de l'infortuné Pie VI, et de tous les Souverains Pontifes à naître, tant qu'il y aura des Républiques en Europe. Maury n'était guères reconnaissable que pour les Plénipotentiaires du Congrès clandestin ; car il avait conservé par humilité (on n'ignore pas que c'est sa vertu dominante) la chemise fangeuse de voiturier, dont il s'était revêtu pour se dérober à la proscription, lors de la première prise de Rome par l'Armée Française : il est vrai que sous ce vêtement abject on voyait pendre les franges d'une ceinture violette à glands d'or, et qu'une calotte rouge brillait parmi les déchirures de son chapeau ; d'ailleurs, sa main potelée, toujours se portant machinalement vers le ciel, et l'anneau d'or de son index, annonçaient à tout le monde qu'il était fait pour bénir ses vainqueurs, et consoler la terre de ses malheurs, à force d'indulgences.

Pendant que Candide se livrait avec son ingénuité ordinaire à toutes les réflexions que lui faisait naître un spectacle qui ne saurait se renouveler deux fois en cent siècles, deux nouveaux membres du Congrès vinrent faire reconnaître à l'ex-Grand-Maître de Malte leurs pleins pouvoirs : l'un était le Duc de Parme, et l'autre le Roi de Jérusalem, de Chypre et de Sardaigne : il faut avouer, dit sa Majesté Sarde, en poussant du fond de ses entrailles un grand soupir, que je suis né sous une bien funeste étoile ; je savais que la démagogie Française avait juré une guerre à mort à toutes les Couronnes ; et, pour conjurer l'orage, j'ai foulé aux pieds ma Couronne pour me faire démagogue. Quel a été le résultat de cet étrange dévouement ? Les Rois m'ont regardé comme un traître, et les Républicains comme un hypocrite : il me restait un Confesseur, et le saint homme m'a ravi mon trésor, mes reliques et mes chapelets : après tant d'humiliations, l'honneur m'ordonnait de mourir, si ma Religion ne me commandait pas de vivre.

Monarque de Chypre, de Jérusalem et de Sardaigne, lui dit l'Infant de Parme, vous vous êtes confié à tous les saints du Paradis catholique, pour protéger un Trône que votre valeur n'a su défendre; et votre attente a été trompée : pour moi, plus adroit ou plutôt plus clair-voyant, je me suis adressé, non à Dieu, mais à sa providence vivante, à Bonaparte; j'ai mis mes Etats sous son égide, et tout me dit qu'il sera reconnaissant : qui sait si le nouvel Alexandre ne verra pas en moi un nouvel Abdolonyme; s'il ne me dédommagera pas, par quelque Couronne, de la perte de mes petites possessions héréditaires ? Oh! si jamais je suis Roi, Monarque de Chypre, de Jérusalem et de Sardaigne, je me ferai un grand plaisir de vous protéger.

Tous les Plénipotentiaires assis, Candide ne remarqua entr'eux aucune prééminence; chaque membre en entrant remplissait la place que le hasard laissait vide : ainsi, le Roi de Sardaigne se trouvait à côté d'un petit Abbé de Fulde, et le Représentant du premier des Bourbons siégeait auprès du premier Magistrat de Schaffouse.

La voilà donc enfin, dit Molto-Curante, cette égalité philosophique, dont la France, pendant long-tems, a fait le premier dogme de son évangile politique : il est plaisant qu'elle se rencontre dans un Congrès de Rois, lorsqu'elle n'est entré que comme une fable convenue, dans les élémens de la grande République.

Je fais une réflexion douloureuse, ajouta Candide, c'est que ces Rois ne se croient égaux, que parce qu'ils se voient tous également détrônés : d'où je conclus que si l'égalité existe sur la terre, c'est à trois périodes de la vie, dont l'homme a peu le droit de s'énorgueillir ; à sa naissance, quand il est faible ; dans le cours de sa carrière, quand il souffre ; et en entrant dans la tombe, quand il vient de cesser d'être : la faiblesse, la
douleur

douleur et la mort ; voilà à quel prix la Nature permet au Comédien Collot-d'Herbois, ou au Plénipotentiaire Jean de B**, de se dire les égaux des Rois qu'ils assassinent, ou des Sages qu'ils envoient à l'échafaud.

La séance où Candide se rencontra était la vingt-troisième, depuis l'ouverture du Congrès : on en avait employé vingt-deux à discuter les intérêts individuels de cette foule de malheureux que la France avait faits avec les crimes de sa Révolution, et qu'elle voulait maintenir tels, avec les trophées de ses victoires ; et comme ces intérêts individuels se trouvaient sans cesse croisés les uns par les autres, les travaux de la veille étaient toujours détruits par ceux du lendemain, et les conférences pour la paix générale ressemblaient au voile de Pénélope.

On s'apperçut enfin qu'on ne faisait pas plus de système de diplomatie avec de petites *satisfactions* individuelles, que des systèmes solaires avec de simples planètes : et cette idée fondamentale, qui aurait dû frapper

R

tout le monde dès l'ouverture du Congrès, arriva vierge aux Plénipotentiaires, à la vingt-troisième séance.

Le principe une fois convenu, de soumettre toutes les causes des Princes détrônés à une théorie générale de restitutions et d'indemnités, il s'agissait de savoir comment on ferait arriver la théorie, avec ses résultats, aux Puissances dominantes, qu'on avait un si grand intérêt à tenter de rendre philosophes. La voie d'envoyer en droiture aux Souverains encore sur le Trône les actes d'une autorité qu'ils ne reconnaissaient pas, était délicate; celle de les envoyer à la sanction d'un Congrès rival tel que celui du Château de Lunéville, était dangereuse : il fut statué que l'opinion publique également souveraine des vaincus et des vainqueurs, serait à cet égard la seule interprète des Princes détrônés; et qu'on imprimerait, dans toutes les langues, les actes de l'assemblée de la maison sans portes, comme si c'était une Constitution polyglotte, ou ce fameux Décret conventionnel de l'an deux, qui ordonnait à la postérité des Turenne et des Bayard, d'égorger froidement tout prisonnier Anglais ou Hanovrien sur le champ de bataille.

Voilà la liberté de la Presse, dit avec une sorte d'émotion le Cardinal Maury : que vos Majestés et vos Altesses y prennent bien garde; les Trônes ont péri par ce fléau : et ce n'est pas à nous, que ses miasmes pestilentiels ont si long-tems atteints, à chercher notre salut au milieu de ses ravages.

Un premier Syndic de Genève se lève de son siége : Je n'ai point l'honneur, dit-il, de porter une couronne fermée sur ma tête ou dans mes armoiries, comme vos Majestés ou vos Altesses Sérénissimes; cependant j'ai eu comme vous, dans mon pays, une espèce de toute-puissance; et je vous observerai que quoique la ville que j'ai gouvernée soit, avec Amsterdam, celle de l'Europe où l'on ait imprimé le plus de livres défendus, jamais, tant que nous avons été forts, la liberté de la Presse n'a porté parmi nous la moindre atteinte à la tranquillité publique : c'est lorsque nous avons perdu notre loyauté diplomatique, nos mœurs et notre énergie, que les guerres de plume sont venues ajouter aux horreurs des guerres de l'épée : c'est d'ordinaire, comme cause, que la liberté de la Presse protége les hommes, tandis que ce n'est presque jamais que comme effet qu'elle les assassine.

Il est bien évident que faibles et désarmés comme nous le sommes, nous ne pouvons combattre à forces égales l'ennemi qui nous a détrônés, qu'avec l'opinion publique : elle seule réfutera, à la longue, les sophismes de nos oppresseurs ; mettra la force qui attaque au niveau du droit qui se défend, et donnera une existence légale à nos manifestes.

J'avoue, avec le seul qui reste des Cardinaux Français, que des hommes qui abusent de tout, peuvent aussi abuser de la Presse; mais, malgré l'autorité de son Eminence, il me parait démontré que ce n'est qu'avec la liberté de tout écrire, qu'on peut réprimer la liberté de tout oser.

Je lis peu, dit le Président du Congrès anonyme, et j'écris encore moins ; mais je suis parfaitement de l'avis du syndic de Genève : il n'est pas prouvé que la liberté de la Presse soit utile à la force ; mais il l'est du moins qu'elle est nécessaire à la faiblesse. Imprimons donc avec courage tout ce qui conviendra au triomphe de notre cause : soulevons l'Europe, tantôt avec notre logique, tantôt avec notre éloquence ; et si nous ne pouvons en ce moment avoir raison contre les baïonnettes, éclairons assez l'injustice de nos oppresseurs pour l'empêcher d'être éternelle.

La question discutée encore quelque tems sous d'autres points de vue, fut enfin mise aux voix ; et une des Altesses Sérénissimes ayant en main une urne sépulcrale qui avait servi à la momie de quelque Pharaon, fit le tour de la salle pour recueillir les suffrages.

ENTR'ACTE OU CANDIDE JOUE UN RÔLE.

Pendant le léger tumulte qui accompagne d'ordinaire, dans les grandes Assemblées délibérantes, le moment où l'on recueille les voix, Candide, placé à l'embrasure d'une fenêtre sans vitres, philosophait avec Molto-Curante, et voici textuellement leur dialogue.

CANDIDE.

Il faut avouer que le malheur est un puissant magicien, s'il fait opiner, d'après les principes, tant d'Altesses et d'Excellences.

MOLTO-CURANTE.

Ces Altesses et ces Excellences opineront comme des Sages de la Grèce : car, dans l'infortune, la raison s'identifie avec l'intérêt individuel, et tout le monde est philosophe.

CANDIDE.

J'en ai fait l'expérience sur moi-même : il est probable que c'est parce que j'ai presque toujours été malheureux, que le Docteur Ralph, l'Historien de mes voyages, prétend que j'ai toujours si bien raisonné.

MOLTO-CURANTE.

Voyez la France pendant le long règne de sa démagogie ; la liberté de la Presse a été, pendant dix ans, le prétexte de ses insurrections : on écrivait, on proscrivait, on assassinait en son nom : le parti opprimé détrônait, pour penser librement, le parti oppresseur ; et dès qu'il avait en main la toute-puissance, il rendait plus que jamais la pensée esclave.

CANDIDE.

Ce mot me fait lire douloureusement dans

l'avenir : les Princes détrônés du Congrès ne sollicitent la liberté de tout écrire, que pour recouvrer leurs couronnes et leur pouvoir ; le jour où ils rentreront dans leurs Palais, la raison humaine sera consignée à la porte, et l'on attendra qu'elle devienne vile pour lui donner audience.

Molto-Curante.

Oui, tel est le cercle des Révolutions politiques, sur-tout depuis la découverte de l'Imprimerie : on appelle la raison pour régner et on règne pour rendre la raison esclave.

Candide.

Vous m'allez faire haïr les Gouvernemens.

Molto-Curante.

Je voudrais ne vous engager qu'à plaindre l'homme mal-adroit qui gouverne.

CANDIDE.

Et vous croyez que le crime du persécuteur de la pensée ne tient qu'à sa maladresse ?

MOLTO-CURANTE.

Si les Athées de la Révolution Française ne s'étaient pas avisés de tout mettre en problème, je vous dirais que j'en ai la certitude.

CANDIDE.

Mais le Grand Maître de Malte, homme d'un grand sens, disait tout à l'heure qu'il n'était pas prouvé que la liberté de la Presse fût utile à la toute-puissance.

MOLTO-CURANTE.

Si le Grand Maître de Malte n'était pas malheureux, je dirais qu'il lui a échappé une absurdité.

CANDIDE.

Tout crédule que je suis, j'ai peine à me persuader que votre Logique prenne assez d'ascendant sur mon esprit, pour y détrôner le Grand Maître.

MOLTO-CURANTE.

Dites-moi : croyez-vous qu'il résulte quelqu'avantage pour l'homme qui gouverne, de l'idée universellement répandue, que son Empire est bien gouverné ?

CANDIDE.

Je le crois d'autant plus, que cette idée tutélaire semble faite pour tenir lieu de morale aux Gouvernemens.

MOLTO-CURANTE.

Laissons-là la morale : les dix-neuf vingtièmes des hommes qui gouvernent n'y croient pas : je demande s'il n'est pas de l'intérêt des Rois Républicains ou absolus, qu'on se persuade qu'ils font un bon usage de leur toute-puissance.

CANDIDE.

Cet intérêt ne saurait être révoqué en doute; car l'être puissant qui braverait à cet égard l'opinion publique, périrait par elle : celui qui tirerait gloire de sa tyrannie, mourrait à chaque minute de son effroi, jusqu'à ce qu'il achevât d'expirer sur l'échafaud.

MOLTO-CURANTE.

Hé bien, il n'existe qu'un mode pour le despote, de faire croire qu'il rend ses peuples heureux, c'est de leur donner la liberté de la Presse.

CANDIDE.

Mais vous donnez à la calomnie un levier pour l'atteindre.

Molto-Curante.

La calomnie, lorsque la Presse est libre, n'atteint presque jamais l'homme qui a la toute-puissance ; car, s'il s'élève par hasard une plume pour le flétrir, il s'en rencontre trente pour le défendre : et l'erreur une fois reconnue, le despote acquiert dix fois plus de pouvoir par une attaque qui joint la mal-adresse à la malveillance, qu'il n'en aurait perdu si le murmure avait été légal, et le coup bien dirigé.

Candide.

Mais les diffamations anonymes, les traits lancés dans l'ombre, et par le Parthe, en fuyant....

Molto-Curante.

Dans tout pays où l'Ecrivain est libre, il ne doit point y avoir d'écrits anonymes : il faut que tout homme qui se met en insurrection contre son Gouvernement, écrive sur sa flèche, comme l'ennemi de Philippe : Je vise à l'œil gauche du Roi de Macédoine.

CANDIDE.

Votre hypothèse, quoique vous fassiez, a toujours un vice radical : c'est de trop généraliser; à force de s'appliquer à tout, elle ne s'applique à rien.

MOLTO-CURANTE.

Il est certain que le principe que je développe s'applique à tout : et c'est précisément à cause de cela que ce n'est pas une simple hypothèse.

CANDIDE.

Par exemple, il importe assez peu, sous un bon Prince, que la Presse soit libre ou esclave.

MOLTO-CURANTE.

Candide est dans l'erreur : il importe infiniment à un Prince qui a des principes, non-seulement de bien gouverner, mais encore qu'on sache qu'il gouverne bien ; car alors, multiplier ses titres à la gloire, c'est multiplier ses moyens de bienfaisance : or, un grand Empire ne sait que par la liberté de la Presse, les droits qu'un Souverain peut avoir à l'estime des peuples et à leur reconnaissance.

CANDIDE.

Henri IV, Léopold et Louis XVI régnèrent en maintenant la Presse esclave, et firent quelque bien aux hommes.

MOLTO-CURANTE.

Ils en auraient fait davantage, s'ils avaient osé la rendre libre : Henri IV, Léopold et Louis XVI ont eu tous les trois de violens ennemis; et quel est l'homme à grande existence qui n'en a pas, si on en excepte l'abjecte médiocrité ? Or, ces ennemis perfides ont quelquefois profité de cette espèce d'interdit jeté sur la pensée humaine, pour flétrir dans son germe la pensée bienfaisante de ces Monarques : ils leur ont appliqué, avec un art odieux, ce qu'une raison sévère a dit avec tant de justice des mauvais Princes; c'est à dire, que la servitude de la Presse est devenue entre leurs mains un nouvel instrument de tyrannie; qu'ils ne proscrivaient les lumières que parce qu'ils en avaient peur; et que s'ils savaient faire marcher droit les peuples qu'ils gouvernent, ils ne conjureraient pas dans l'ombre pour les tenir toujours en lisières.

S'il importe à un Titus que les peuples dont il est le Souverain aient toute la liberté que comporte leur obéissance passive à la Loi, il n'importe pas moins à un Tibère que ses esclaves en aient le masque : ce masque est un talisman qui fait croire aux sujets qu'ils sont heureux, et au despote qu'il fait des heureux : au moyen de cette double illusion, les peuples ne savent pas se plaindre, et les tyrans n'ont point d'injures à venger.

On a beau épuiser les sophismes, tourmenter la morale, commenter Machiavel, il en faut toujours venir à l'idée primitive, que les grandes machines politiques une fois organisées avec les principes, on ne les fait pas marcher à l'aide des blasphèmes; et que si un Prince a un intérêt quelconque à se permettre des injustices, il en a un non moins grand à les voiler avec cette hypocrisie, que La Rochefoucaut appelait un hommage, tacite à la vertu.

Protéger par amour de l'ordre ou par hypocrisie la liberté de la Presse, voilà, mon cher Candide, en dernière analyse, l'art de régner, la pierre angulaire de l'édifice politique, et le levier des Gouvernemens.

LETTRE D'UN HOMME D'ÉTAT DU VRAI CONGRÈS DE LUNÉVILLE, AU PRÉSIDENT DU CONGRÈS ILLÉGITIME.

LE dialogue de Candide et de Molto-Curante n'était pas encore terminé, quand on entendit, dans le silence de la nuit, une voiture qui s'arrêtait vers le perron en ruines du château sans portes. Le bon Westphalien crut que c'était quelque tête ex-couronnée, qui venait faire son entrée au Congrès, à la séance de clôture ; mais il se trompait : le carrosse amenait une espèce de messager d'Etat, portant sur son chapeau un panache aux trois couleurs : introduit dans le vestibule de la salle des Plénipotentiaires sans puissance, il remit à un agent subalterne, à moitié endormi, une lettre adressée au président du Congrès, s'en fit donner un reçu, et repartit à l'instant pour Lunéville.

Le Grand Maître de l'Ordre de Malte supprimé, ouvrit le paquet pendant le dépouillement du scrutin, vit que la lettre n'était pas signée, et sur l'avis de quelques Majestés et de quelques Altesses Sérénissimes, qui auraient cru leur antique dignité compromise, si elles avaient pris connaissance d'une lettre anonyme, le paquet tout ouvert fut déposé, avec une sorte de dédain, sur le bureau.

La lettre cependant était d'un homme d'Etat, qui avait plus de puissance à lui seul que tous les Rois réunis du château sans portes : la voici, telle que l'ex-Doge de Venise vint la lire mystérieusement à Molto-Curante et au bâtard de Westphalie.

« Homme d'Etat, je ne puis signer cette
» lettre que j'adresse à votre Excellence ;
» mais vous y reconnaîtrez aisément l'esprit
» de paix qui me domine, et la Diplomatie
» tutélaire de mon Gouvernement.

» Quelque mystère que l'Assemblée que
» vous présidez mette dans ses rassemble-

» mens, ne doutez pas que le Chef de la
» République Française n'en soit parfaite-
» ment instruit : son coup-d'œil d'aigle a
» pénétré vos projets, même avant de naître :
» il sait le résultat de vos séances, quand
» le Secrétaire n'en a pas encore rédigé le
» procès-verbal ; et vous ne faites pas un pas
» dans le labyrinthe inextricable de votre
» Diplomatie, qu'il n'ait en main le fil
» d'Ariane pour vous redresser.

» Je ne défendrai pas ce beau Gouverne-
» ment consulaire, qui se défend assez par
» les ruines qu'il répare, et par le bonheur
» qu'il procure ; mais, entraîné un moment
» par la sagesse impérieuse des circonstances,
» il existe, autour de son droit des gens,
» quelques nuages qu'il est de ma fran-
» chise de dissiper.

» Le premier Magistrat de la République
» sait mieux que personne qu'un Congrès
» de deux Plénipotentiaires ne saurait faire
» une seconde paix de Westphalie.

» Mais il était impossible, dans une crise
» aussi violente que celle où se trouve l'Eu-
» rope, de convoquer tous ses d'Avaux et
» tous ses Oxenstiern. La guerre, comme
» une peste dévorante, consume les principes
» de vie de tous les Gouvernemens ; les
» Souverains n'ont plus de force politique ;
» les Peuples sont aux abois : il ne s'agit
» pas, dans ce premier moment, de régé-
» nérer des Etats qui se traînent doulou-
» reusement vers leur décrépitude ; mais de
» préparer, par une espèce de trêve géné-
» rale, leur retour vers leur virilité. Si l'on
» attendait que soixante Princes ou Répu-
» bliques qui ont souffert de la désorgani-
» sation de la France ou de ses victoires,
» se rassemblassent, d'après des pleins pou-
» voirs avoués, dans Lunéville ; y négocias-
» sent à fond leurs intérêts, y fondassent
» un nouvel équilibre de l'Europe, cinq ans
» s'écouleraient peut-être avant que les pré-
» liminaires de la paix générale fussent si-
» gnés : en attendant, une anxiété univer-
» selle éteindrait par-tout le crédit, arrêterait
» le commerce dans ses canaux, achèverait

» la décadence des Arts ; et les vainqueurs
» comme les vaincus, périraient avant qu'on
» levât le premier appareil posé sur leurs
» blessures.

» Le Congrès actuel, où l'on n'appelle
» que deux grandes Puissances continentales,
» semble, au premier coup-d'œil, un acte
» d'hostilité contre la grande majorité des
» autres Puissances : mais ici l'appareil de
» la force est nécessaire pour en imposer,
» soit aux Souverains triomphans qui veu-
» lent trop envahir, soit aux Etats expoliés
» en vertu du droit de la guerre, qui veu-
» lent être réintégrés sans sacrifices : cette
» force n'est dangereuse, que lorsqu'elle re-
» pose dans des mains accoutumées à en
» abuser; et elle devient aussi tutélaire qu'une
» seconde Providence, quand le principal
» agent qui la déploie, est le Timoléon de
» notre République.

» C'est d'après ce principe que notre Gou-
» vernement ferme les yeux sur vos séances
» clandestines, qu'il vous laisse discuter dans

» l'ombre les intérêts individuels de tant
» d'États que leur fausse politique ou leur
» faiblesse ont conduit au dépouillement,
» ou du moins a la mutilation de leur sou-
» veraineté ; mais il espère, en retour de sa
» condescendance, que vous ne laisserez
» point percer, à un public malveillant, la
» nuit profonde qui vous environne : il veut
» bien ignorer votre existence, quand elle
» ne nuit qu'à vous-mêmes ; il s'en apper-
» cevra, non sans courroux, quand elle nuira
» à l'harmonie générale par vos manifestes.

» Au reste, reposez-vous sur la loyauté
» bien connue du Grand Homme, qui,
» comme Atlas, porte seul le fardeau du
» monde politique : il organise aujourd'hui
» une paix de circonstances; quand l'Europe,
» jouissant de ses bienfaits, sera assez ro-
» buste pour soutenir la crise d'une vraie
» régénération, il assemblera un nouveau
» Congrès, où les puissances de tous les
» Ordres seront appelées : on y dressera,
» comme dans le traité de Westphalie, le
» grand chapitre de *toutes les satisfactions*,
» et vous aurez une paix éternelle. »

FIN DE LA VINGT-TROISIÈME ET DERNIÈRE SÉANCE DU CONGRÈS, AINSI QUE DES MÉMOIRES DE CANDIDE.

La lecture de la lettre de l'homme d'Etat n'était pas encore terminée quand le Président du Congrès dépouilla le scrutin : on vit alors avec surprise, qu'à l'exception de deux voix, tous les suffrages avaient été unanimes en faveur du dogme de la liberté de la Presse. La Providence s'endort, dit le Cardinal Maury; notre cause nous montrait forts, et ce jugement nous rend faibles. La Providence se justifie, dit de son côté Candide; les Rois détrônés étaient faibles, et ce jugement les a rendus forts.

Maintenant, dit le Cordon-Bleu du Trèfle, qu'on nous donne, avec solemnité, le privilége d'imprimer clandestinement que nous n'avons perdu nos Trônes et nos Etats qu'en vertu du droit de l'épée, il faut, je pense, poursuivre le cours de nos conquêtes : ne serait-il pas à propos, par exemple, de faire une nouvelle distribution des Puissances de l'Europe ? Nous détrônerions, sans péril, les petits Princes que personne ne protége, et en nous mettant à leur place, tout pour nous, dans ce meilleur des mondes, serait réparé.

Mais, lui dit l'Infant de Parme, d'après quel mode de révolution opéreriez-vous un pareil bouleversement ?

D'après une carte géographique, répond le Cordon-Bleu.

Mon frère, repart le jeune Duc de Parme, vous feriez mieux de changer l'équilibre actuel de l'Europe avec votre épée : les cartes géographiques se déchirent, mais l'épée reste ; et elle donne une espèce d'immortalité à ses ouvrages.

Je ne suis pas tout-à-fait de votre avis, dit un Prince détrôné de la rive gauche du Rhin, qui avait un grand sens et beaucoup de lumières; l'épée, dans la politique comme dans la nature, mutile tout et ne conserve rien.

Vous avez souri sur l'idée de faire une nouvelle balance de l'Europe avec une carte géographique ; mais au fond, elle n'est pas plus étrange que celle qu'on lui substitue : du moment qu'on se permet d'envahir par droit de convenance toutes les propriétés, qu'importe que ce soit avec le fer d'un Conquérant ou avec le crayon d'un Géographe? Le délit, quel que soit l'instrument qu'on emploie, est toujours le même ; que les révolutions s'opèrent par les fureurs d'un Gengiskan, ou par les sophismes d'un Machiavel, elles ne s'en consomment pas moins, et c'est toujours un délit contre la morale et un outrage réfléchi contre la paix du genre humain.

Il me semble, dit le Sérénissime Infant,

qu'on pourrait sans blesser l'orateur, infirmer un peu son parallèle : car enfin, des Rois qu'on ne détrône qu'avec un crayon et des cartes, ne perdent rien à ce jeu philosophique ; tandis que les Princes qui, comme nous, ont péri par l'épée, ne sauraient revivre que par ces jeux sanglans de la fortune, qu'on appelle des conquêtes : cette différence essentielle ne laisse pas que d'influer un peu sur le nouvel équilibre de l'Europe.

Hé bien, répond le Prince de la rive gauche, votre Altesse Sérénissime pourrait se tromper encore : telle est la stupeur où la Révolution Française a plongé l'Europe, que les petits Souverains proscrits par les Puissances dominantes se laisseront aussi aisément décimer par la plume que par l'épée. Qu'on leur signifie un Bill sanctionné du Parlement d'Angleterre, un Ukhase de l'Empereur Russe, ou un Arrêté du premier Consul de la République Française, à l'instant ils se dépouilleront de leurs Etats, comme les Bachas Ottomans présentent leur tête aux muets du Grand Seigneur : de tels papiers, quand ils sont souscrits par l'audace et adressés à la faiblesse, équivalent à des armées de cent mille hommes.

Au reste, toute coupable qu'est la Révolution Française aux yeux des contemporains et de la postérité, ce n'est pas elle qui a imaginé cette théorie de détrônemens, commencés avec la plume et terminés par les baïonettes : il faut remonter à cet égard, jusqu'en 1772, lorsque, malgré le traité d'Oliva, qui, pour assurer l'intégralité de toutes les possessions de la Pologne, les protégeait de la garantie de la France, de l'Espagne, de la Suède et de l'Angleterre, les trois Cabinets de Vienne, de Berlin et de Pétersbourg employèrent une diplomatie naturellement pacifique à déchirer cette Monarchie pour s'en partager les débris : contre toute espèce de probabilités, une pareille conjuration avec la plume réussit ; on enleva à un Roi sans caractère, sept mille lieues carrées; et aujourd'hui, grace au silence humiliant de l'Europe pendant trente ans, le beau Royaume des Jagellon et des Sobieski n'exite plus.

Ce fut une espèce de fléau pour le Globe, que cet abandon absolu des Rois lors du démembrement de la Pologne : rien ne prouva mieux que des hommes pour qui la force était tout et la morale rien, pouvaient se jouer impunément des propriétés des Souverains, des sermens des peuples et de la foi des traités : cet abandon a plus fait encore; il a préparé cette terrible Révolution Française, dont nous sommes tous les victimes.

Déjà le Ciel s'est prononcé contre les Puissances garantes qui ont violé le traité d'Oliva : la Suède a vu son Roi périr de la main impure d'un régicide : la France, plus coupable encore, a assassiné le sien avec le glaive de la Loi; l'Espagne, régie par un Bourbon, a été contrainte par ses nombreuses défaites à demander à genoux aux meurtriers d'un Bourbon une paix qui la démembre et l'humilie : l'Angleterre seule semble jouir de son triomphe odieux; si cependant c'est jouir, que de promener sa tyrannie sur des mers désertes, et de mettre à contribution les crimes et les terreurs de l'univers.

J'observe à l'éloquent Orateur, dit le Président du Congrès, que la discussion actuelle ne roule pas sur le démembrement de la Pologne, mais sur celui de l'Europe.

Je suis plus que jamais dans mon sujet, répond l'Altesse détrônée de la rive gauche : c'est le crime de 1772 qui a été le germe de tous les attentats politiques dont nous gémissons depuis 1792 : c'est, en un mot, la Pologne qui a démembré l'Europe.

J'en appelle à vous-mêmes : croyez-vous que sans la conjuration impunie des trois Cabinets de Berlin, de Vienne et de Pétersbourg contre Poniatowski ou sa République Royale, et sur-tout sans le silence machiavélique des quatre Puissances garantes de la paix d'Oliva, ceux de nos oppresseurs qui ont tant de lumières auraient tant osé ? Croyez-vous que des Fructidoriens, à couvert sous la pourpre directoriale, auraient, à l'exemple des Triumvirs de Rome, décimé des têtes Royales; et que des Souverains de plusieurs siècles auraient abdiqué en tremblant, leur toute-puissance, par l'unique raison que des Souverains d'un jour leur signifiaient qu'ils ne les reconnaissaient plus ?

Maintenant, le gant est jeté à toutes les Puissances du second ou du troisième ordre ; tous les Souverains qui ne se verront pas protégés par les Etats dominateurs, seront punis du délit inexpiable d'être faibles, par leur détrônement.

Ce détrônement s'exécutera avec la plume ou avec l'épée, quelquefois avec toutes les deux : lorsque la nullité d'une résistance aura bien été calculée, le Monarque puissant aura la grandeur d'ame de dire au petit Prince désarmé dont l'existence l'importune : Dépouille-toi volontairement, ou je te dépouille : fais ma part, en signant ton abdication, ou je la fais moi-même avec mes baïonettes.

Ces observations me conduisent à deux résultats : l'un, que le démembrement de la Pologne a été l'œuf de Léda, d'où est né le démembrement de l'Europe ; l'autre, que celui des préopinans qui a proposé de faire une nouvelle distribution de Puissances avec une plume ou avec des cartes de géographie, pour contrarier le mode de les classer avec le fer, a fait une critique ingénieuse, plutôt qu'il n'a dit une absurdité.

Ce discours improvisé fit beaucoup d'impression sur les esprits : le Congrès reconnut presque unanimement en principe que changer au gré de la force l'équilibre des Puissances, en détrônant les unes avec la plume de Machiavel et les autres avec le fer du Conquérant, était une idée éminemment antisociale : on aurait pu ajouter que c'était aussi une conception éminemment absurde ; car les vicissitudes constituant l'essence du monde de la Politique comme celle du monde de la Nature, il s'ensuivait que tôt ou tard les Etats dominateurs devenant des Etats du second ou même du troisième ordre, leur tour viendrait d'être dévorés dans la caverne du Cyclope ; ce qui n'était pas tout-à-fait le résultat que les Attila du siècle attendaient de leur théorie des détrônemens.

Le principe une fois convenu, il s'agissait de l'appliquer à l'ordre de choses actuel : mais quelle influence pouvait avoir sur cet ordre une réunion clandestine de Plénipotentiaires sans pouvoir, d'Altesses sans Etats, et de Rois sans couronnes ? On sentit alors la nécessité de s'accommoder aux circonstances ; et, sur la proposition du neveu de l'illustre Steiguer, l'Avoyer de Berne, on se contenta de stipuler que le retour de la Pologne à son antique indépendance serait proposé, comme une des bases essentielles de la pacification de l'Europe.

Hé bien, dit le dernier Grand Maître de Malte, je suppose ce que je suis loin de croire et encore moins d'affirmer, c'est-à-dire que la Pologne, déchirée par trois Puissances dominantes, recommence à s'appartenir à elle-même ; je suppose encore, que

que par suite de ce grand sacrifice à l'ordre général, on nous rende à tous nos propriétés antiques en nature, ou par indemnités, comme nous en avons dressé le tableau dans les vingt-deux premières séances de ce Congrès; quelle espèce de stabilité donnerons-nous à notre ouvrage ? Qui nous garantira que la force ne détruira pas en quelques momens le travail lent et raisonné de plusieurs années de sagesse ? Jusqu'ici, la diplomatie n'a bâti que sur le sable; tâchons, tout faibles, tout courbés par l'infortune que nous sommes, d'élever sur le roc l'édifice de la tranquillité publique et du bonheur des hommes.

Je sollicite pour la dernière fois l'attention de cette auguste Assemblée, dit le Prince de la rive gauche du Rhin, pour jeter quelques faibles lumières sur le problème délicat dont le Président du Congrès attend la solution de notre sagesse.

Il ne faut pas sans doute appeler l'éternité sur les monumens de la Politique : tout ce que les hommes ont fait conserve la fragilité

T

de leur existence : Memphis, Babylone et Carthage ne sont plus : la sagesse des Loix de Solon et de Lycurgue n'a pas empêché la servitude d'Athènes et de Lacédémone : Rome même, qui menaça long-tems la liberté du Globe, dispute en vain son dernier souffle de vie à l'épée de Bonaparte. Le mot d'éternel n'a de sens que pour rendre l'idée de Dieu et de la vertu : mais nous pouvons donner aux institutions de la Politique, si nous les fondons sur la morale, une durée assez longue, pour que le Sage n'en pressente pas le terme : voilà le seul but où nous devons tendre pour marcher à la paix et au bonheur de l'Europe.

Nous avons, à cet effet, des élémens que l'antiquité ne soupçonnait pas : c'est la liberté de la Presse, par laquelle l'Europe, en un clin-d'œil, s'éclaire sur ses vrais intérêts, émousse peu-à-peu le glaive des Conquérans, et rend inutile le machiavélisme, soit des Trônes dominateurs, soit des Républiques qui aspirent à la Monarchie universelle.

Pour préparer les voies à un ordre de choses qui vous rétablisse, et donner de la stabilité à celui qui nous conserve, il n'est qu'un mode que la Logique avoue, et dont la Morale ne s'alarme pas : c'est de faire monter la faiblesse au niveau de la force, ou de faire descendre la force au niveau de la faiblesse.

Il ne faut pas s'attendre à voir descendre la force ; car, si elle le faisait, elle cesserait d'être la force : il suffit de renvoyer à l'apologue de Massinissa. Isolez cent flèches, un enfant les rompra toutes l'une après l'autre; liez-les fortement en faisceau, Hercule même ne les brisera pas.

Nous tous, Princes détrônés, on nous a rencontrés isolés et épars, comme les flèches de Massinissa, et on a triomphé de nous : réunissons-nous en confédérations, ainsi que le faisceau de l'apologue, et la massue d'Hercule ne pourra nous anéantir.

Il y a des confédérations naturelles entre

les petites Puissances, comme celle des Républiques de l'Helvétie, dont la perfidie a causé la désunion et la perte; celle des Souverains de l'Allemagne, que le système des sécularisations ne tardera pas à désorganiser; et celle des Etats de l'Italie, dont la Politique n'a pas encore calculé la force, mais qui, adroitement combinée par un Cabinet sage et ferme, aurait retardé de dix ans la puissance colossale de la grande République.

Mais ces confédérations, pour avoir plus de poids, doivent être consenties par les traités : l'aveu des peuples est une espèce de légalité qui peut prévenir plus d'un attentat. Il en est de ces petis Etats confédérés, dont on conjure la ruine, comme d'un essaim de colombes en présence d'un épervier; la férocité de l'oiseau de proie est enchaînée par la surveillance, et les victimes sont sauvées parce qu'on les regarde.

Les confédérations, quand il y a de la sagesse dans leurs élémens, donnent aux Etats, sans population et sans moyens, une unité de forces qui supplée en eux l'unité de puissance : ces Etats n'offrent qu'un point pour l'attaque ; et quand ils se défendent, c'est avec la masse entière de l'Europe.

Les petites confédérations s'unissent, par des traités, à des Etats isolés du second ordre ; et cet utile contre-poids empêche un Peuple dominateur d'attenter à la liberté de toutes les Puissances.

C'est de la réunion sagement combinée de toutes ces forces et de tous ces contre-poids, que se compose l'équilibre de l'Europe.

L'intérêt de la plus noble partie du continent appelle un Congrès général, où l'on invitera également les Princes régnans et les Princes détrônés, les oppresseurs et les victimes. Le traité qui en résulterait, établirait l'équilibre sur la base de toutes les propriétés tant publiques qu'individuelles.

Il existe, grace au génie bienfaisant des d'Avaux, des Oxenstiern et des Trautmansdorff, une paix générale qui a consacré les fondemens de cet équilibre : cette paix a duré cent quarante ans, et elle en durerait mille encore, si ses créateurs avaient imaginé un préservatif contre l'affreux prosélytisme des révolutions et le génie dévastateur des conquêtes.

Il n'existe plus pour nous qu'une ancre de salut, au milieu des écueils innombrables qui nous attestent notre dernier naufrage ; c'est d'étendre à tous les peuples que la France menace ou qu'elle protége, la Constitution Germanique, rectifiée et devenue plus philantropique ; et de donner ainsi à l'Europe, coalisée pour son bonheur, une nouvelle paix de Westphalie.

Ce discours du Prince de la rive gauche, fut écouté avec autant d'intérêt que ceux de Nestor par les Héros belligérans de l'Iliade ; et comme on s'étonnait de voir l'orateur si plein de son sujet, Les bases de ce plan, ajouta le Prince avec modestie, sont dans un ouvrage qui vient de paraître en France et que la France vient de proscrire ; le voici : si quelqu'un d'entre nous doutait encore du succès d'une pareille théorie, voici une page qui offrirait quelque garantie avec quelque développement.

Il n'est point d'usage dans les Congrès, dans les Assemblées nationales, et dans les Ateliers politiques, où l'on forge en dix ans quarante mille Lois de circonstances, de consulter un Livre étranger, fût-il les *Dialogues de Platon* ou l'*Esprit des Lois*, et encore moins de le citer. Les Corps délibérans mettent d'ordinaire leur dignité à être au-dessus de toutes les lumières : mais le Congrès de la maison sans portes était composé de Princes détrônés : le malheur donne une autre Logique que la toute-puissance : aussi fut-il décidé qu'on ouvrirait le livre proscrit (*c'était la Paix de l'Europe*) à la page indiquée, et le premier Secrétaire descendit jusqu'à en faire lecture.

« Ce système, y est-il dit, sera bon s'il part des principes et s'il y ramène.

» Il sera bon, si en consacrant la propriété
» générale, qui est le droit de protéger, il
» ne porte atteinte à aucune propriété indi-
» viduelle ; si aucun Etat ne peut se dérober
» à la Loi de l'équilibre ; et si l'équilibre
» protége aussi efficacement Genève contre
» elle-même, ou un Abbé de Fulde contre
» le Chef de l'Empire, qu'une République
» contre la confédération des Trônes, ou la
» confédération des Trônes contre le prosé-
» lytisme d'une République.

» Il sera bon, si chaque Etat, descendant
» dans l'intérieur de sa conscience, (car la
» Morale en donne une aux réunions d'hom-
» mes, comme à l'homme individuel,) trouve
» que, grace à l'équilibre, son territoire est
» à l'abri des invasions ; son culte, des ou-
» trages ; et son Gouvernement, des revers :
» s'il reconnaît que l'honneur national même,
» cet honneur factice, qui consiste à ne ja-
» mais reculer, lors même qu'on sait qu'on
» a tort, est respecté, autant que peuvent le
» permettre l'intérêt des petits Etats opprimés,

» la dignité des conservateurs de l'équilibre,
» et la paix du genre humain.

» Il sera bon, enfin, si le Tribunal de
» l'équilibre, légalement établi, parfaitement
» consolidé, rend les usurpations difficiles,
» les guerres offensives périlleuses, et les
» conquêtes impossibles : c'est bien alors que
» d'après le mot mémorable de Phocion,
» chaque membre du Corps social pourra se
» flatter d'être enseveli en paix dans la tombe
» de ses pères; et que les Nations tranquilles
» à l'extérieur, sur les intrigues des ambitions
» dominantes, sur les conjurations des riva-
» lités, survivront à tous les dangers qui les
» menacent, même à la ruine de leurs Gou-
» vernemens. »

Cette lecture entraîna les esprits qui balan-
çaient encore : il fût arrêté unanimement
qu'on opposerait aux invasions de la force, la
résistance des confédérations; qu'on deman-
derait la fondation d'un vrai système d'équilibre, et qu'on inviterait toutes les têtes
pensantes des Peuples, soit dominateurs, soit

désarmés, à préparer pour l'Europe un nouveau traité de Westphalie.

Enfin, dit le Grand Maître de Malte, votre mission honorable est remplie. Vous avez, dans vos vingt-deux premières séances, plaidé votre cause particulière contre vos oppresseurs : aujourd'hui, vous plaidez celle de vos oppresseurs mêmes, contre les perturbateurs du repos public ; et en substituant la dialectique des principes à celle de l'épée, vous préparez la pacification de l'Europe et le bonheur du genre humain. Votre grand ouvrage est terminé, et d'après les pouvoirs que je tiens de vous, je dissous le plus mémorable des deux Congrès de Lunéville.

La séance était à peine levée que le dernier Doge de Venise prend Candide par la main et le présente aux Hautes Puissances du Congrès : Voici, dit-il, une espèce de Souverain détrôné ; je l'appelle ainsi, parce qu'avec quelques moutons d'Eldorado, il se vit un jour plus riche que tous les Rois de l'Europe réunis, et qu'on est au niveau des Souverains quand on peut acheter leur Souveraineté : cet homme extraordinaire est le noble bâtard du Baron de Thunder-ten-Trunck, un des premiers Seigneurs de la Westphalie; l'amant de la belle Cunégonde, qui devait être, par ses soixante-quatre quartiers, la première Chanoinesse du Chapitre le plus noble de l'Allemagne; et l'élève du grand Docteur Pangloss, devenu, à force de fustigations, de mutilations, de suspensions au gibet, le premier Philosophe de l'univers : c'est Candide en un mot. Il eut l'honneur il y a quarante ans, dans un des carnavals de Venise, de donner de l'or, des diamans et un splendide repas à six Rois détrônés : et aujourd'hui, à peine a-t-il de quoi payer un modeste dîner dans la plus obscure des auberges de Lunéville. Fêtons ce vieillard, qui s'est plus aisément consolé de la perte de ses beaux moutons d'Eldorado, que nous de celle de nos Tiares et de nos Couronnes.

J'ai déjà observé plus d'une fois que le nom de l'amant de Cunégonde se prononçait rarement sans exciter l'intérêt ou du moins la curiosité. Toutes les Eminences du Congrès, toutes les Altesses Sérénissimes, des Rois mêmes qui ne lisaient pas toujours les Arrêts de leur Conseil qu'on leur faisait signer, avaient lu Candide : aussi, le héros de l'ingénuité fut-il singuliérement accueilli : c'était à qui l'accablerait de caresses. Un Archevêque lui promit un canonicat dans sa Cathédrale incendiée et en ruines; le Grand Duc une statue antique de la galerie de Florence, prisonnière au Muséum de Paris ; un autre Souverain, le Cordon de son Ordre, que lui-même n'avait pas la liberté de porter. Candide, modestement, n'exigea d'eux qu'un Privilége pour imprimer ses voyages; et tous le promirent unanimement, dès qu'ils auraient recouvré leurs Etats ; dès que la Presse par-tout serait devenue libre, et enfin dès que la raison universelle aurait fait adopter à l'Europe une nouvelle paix de Westphalie.

Candide, au sortir du château sans portes, n'eut rien de plus pressé que d'aller avec Molto-Curante voir sur son grabat l'illustre centenaire de Venise, qui avait oublié de se faire enterrer : ce dernier venait d'éprouver une longue léthargie qui tenait moins à l'épuisement momentané des forces, qu'à l'absence totale des principes de la vie. Le Docteur Pangloss me l'avait bien assuré, dit Candide en entrant, que nous étions dans le meilleur des mondes : on nous donne la liberté de la Presse, et c'est un bienfait des Rois. De quels Rois, dit d'une voix éteinte et sépulcrale, le vieux Poco-Curante. — Des Rois qui tiennent le second Congrès de Lunéville. — Je vous entends ; les Rois détrônés donnent la liberté de la Presse, et les Rois sur le Trône la refusent : au reste que m'importe ? — Cette liberté de la Presse mène en droiture à la paix philosophique de l'Europe. — Etes-vous dignes de l'une pour mériter l'autre ? Au reste, peu m'importe, car je me meurs. —

Alors la lampe de l'intelligence acheva de s'éteindre, et le centenaire expira.

FIN.

TABLE.

Candide prend des leçons à l'Opéra, sur la liberté de penser, pag. 1

Oracles sur la liberté des Journaux, émanés du trépied d'une Imprimerie, 9

Rencontre du Sénateur Molto-Curante dans le Temple de la Raison, 25

Dialogue entre l'Homme qui raisonne et l'Homme qui gouverne, 33

Désastre d'une grande Bibliothèque, au nom de la liberté de la Presse, 58

Candide demande un Privilége pour imprimer la vérité, 71

Mémoire au premier Consul de la République Française, 93

De parenthèse en parenthèse on aborde la question de la Paix, 110

Des Paix dictées par la raison, et des Paix écrites dans les manifestes, 119

Petite anecdote sur la saisie d'un Livre un peu trop raisonnable pour le tems, ayant pour titre : De la Paix de l'Europe, 134

Lettre d'un ami de la Paix, contre la Paix de l'Europe, 145

Dénonciation du Citoyen Français, à tout Français digne du nom de Citoyen, par le Sénateur Molto-Curante, 155

Un Théatin circoncis donne des lumières sur une question de politique qui embarrasse les Hommes d'Etat de mauvaise foi, 174

Entrevue de Molto-Curante et de Poco-Curante dans Lunéville, 210

Candide étudie, sur des Têtes Royales, les jeux de la fortune, 239

Congrès des Souverains détrônés, 248

Entr'acte où Candide joue un rôle, 262

Lettre d'un Homme d'Etat du vrai Congrès de Lunéville au Président du Congrès illégitime, 273

Fin de la vingt-troisième et dernière séance du Congrès, ainsi que des Mémoires de Candide. 279

Fin de la Table.

www.ingramcontent.com/pod-product-compliance
Lightning Source LLC
Chambersburg PA
CBHW060555170426
43201CB00009B/785